'PARADISE'

ELENA SHVARTS was the most outstanding Russian poet of her generation, as well as a prose writer of distinction. Born in St Petersburg in 1948, she studied at the Leningrad Institute of Film, Music and Theatre. The daughter of a theatre literary manager, she earned her living translating plays for Leningrad's theatres. Her poems were published in *samizdat* and abroad from the late 60s, but her first Russian publication, *Circle*, did not appear until 1984. She went on to publish more than ten collections of poetry. A book of prose pieces, including short autobiographical fragments, *The Visible Side of Life*, appeared in 2003. She was awarded the Andrei Bely Literary Prize in 1979, and the Triumph Prize in 2003, an independent award for lifetime's achievement in the arts.

Bloodaxe has published two bilingual editions covering her earlier and later work, *'Paradise': Selected Poems* (1993) and *Birdsong on the Seabed* (2008), both of which are Poetry Book Society Recommended Translations. She had just completed a book on the Italian poet D'Annunzio at the time of her death from cancer in 2010. Sasha Dugdale's translation of *Birdsong on the Seabed* was shortlisted for both the Rossica Translation Prize and the Corneliu M. Popescu Award for European Poetry in Translation.

'Paradise'

SELECTED POEMS

ELENA SHVARTS

Introduced & translated by
MICHAEL MOLNAR

with additional translations by
CATRIONA KELLY

BLOODAXE BOOKS

ISBN: 978 1 85224 249 7

First published 1993 by
Bloodaxe Books Ltd,
Eastburn,
South Park,
Hexham,
Northumberland NE46 1BS.

www.bloodaxebooks.com
For further information about Bloodaxe titles
please visit our website and join our mailing list
or write to the above address for a catalogue.

Supported using public funding by
**ARTS COUNCIL
ENGLAND**

Digital reprint of the 1993 Bloodaxe Books edition.

For Frances

Acknowledgements

My thanks to the Arts Council for a grant towards the publication and to the editors of the following collections and journals in which some of these translations have already appeared: *Bomb, Child of Europe* (Penguin Books, 1989), *Mundus Artium, Nimrod, The Poetry of Perestroika* (Iron Press, 1992), *Third Wave* (University of Michigan Press, 1992), and *The Times Literary Supplement.*

I am very grateful to Catriona Kelly for generously allowing me to publish her translations of Elena Shvarts. Her version of *The Sale of a Historian's Library* will also appear in *An Anthology of Russian Women's Writing, 1777-1992* (editor: Catriona Kelly), due to be published by Oxford University Press in 1994. I am also indebted to Misha Sheinker (who knows Elena Shvarts's work better than anyone else) and to Marianna Soboleva for eliminating some of my mistakes. In addition I owe thanks to all those whose assistance, encouragement and interest in Elena Shvarts's work have made this book possible, and especially to Neil Astley, Peter Jay, Michael March, Dr Valentina Polukhina, Marianna Taymanova and Frances Presley.

The cover photograph depicts Elena Shvarts's *oberega* (guardian angel) embroidered for her by Iraida Shvartsman. The inscription is from Psalm 28:7 and it reads: 'The Lord is my strength and my shield; And with my song will I praise him.'

MM

Contents

INTRODUCTION

St Petersburg was founded in 1703; it is therefore newer than New York, yet it is a city uniquely riddled and obsessed with history. Not just its own, or even only Russian history, but also that of Europe and the Ancient World. This is partly an effect of its neo-classical architecture – its Greek columns and colonnades, the Roman perspectives down straight streets, the Dutch or Venetian views across water, Central European pastel palaces, golden spires and domes. And when you look more closely at the friezes, walls or ironwork, everywhere you notice gods and goddesses, gorgons, fasces and the double axe, sphinxes and lions.

Elena Shvarts was born into this labyrinth of symbols and statuary in 1948 and has spent her whole life in Leningrad/Petersburg. When she began writing poetry the Khrushchevian thaw was lapsing into the Brezhnevite stagnation of the 1970s. Her poems and collections could only be published in samizdat or abroad. It was not until 1989 that her first book was published in the USSR. This meant that her career developed in the hothouse of unofficial culture. Like other writers in that milieu, she wrote and gave readings for a familiar and restricted, but highly literate and appreciative, audience. Spared the necessity of earning her living, she has devoted herself entirely to her writing. She lived, and still lives, mainly nocturnally. This concentration on her work alone increases the moral pressure, which is already great since the Russian audience imposes exorbitant demands on its poets. And the illustrious predecessors can never be forgotten in this city. When I first met her she was living at Chernaya Rechka ('Black Stream'). It was here, in 1837, that Pushkin fought his final duel. His statue stands in the local metro station, flowers are still left at its base. Since then she has moved: in an apartment just round the corner from her new address Dostoevsky wrote *The Devils*. No one in Petersburg can ignore the past: the question for its writers is what to make of it.

For its poets the city is above all their landscape and therefore a natural object in its own right. But Shvarts, as a city poet, does not believe in pure nature, and her Petersburg is a cross between artifice and landscape – a stone garden. In one of her more notorious verses, she has drawn her self-portrait as a hybrid *Animal-Flower*. The city she inhabits confuses species, boundaries and elements: the waters of the Neva and the canals reflect air, fire and earth. Her own poetry too delights in these reflections and parallel worlds.

Trams trundle along the city's granite embankments and swerve past decaying palaces and over bridges that swing open at night. Though the steel rails confine them to their single dimension their windows reflect another one they can never enter. In *Imitation of Boileau* a tram provides her model of poetry, and it re-emerges elsewhere in her verse, humanised and gulping passengers like communion wafers, or as a minotaur in the labyrinth of Moscow. Parallel (tram-)lines meet in the dimension of quaint or chimaerical images that are one of the pleasures of her verse. (In Petersburg trams are often re-routed unannounced because of road works, and passengers find themselves baffled – or, if visitors, enchanted – by new views of the city from unexpected angles.)

The wrenching of disparate levels that produces such metaphors is a sort of violence. That could be seen as a specific character trait of the poet – or as something in the air in Petersburg, a result of a state of permanent tension. Even the apparent Olympian calm of the city's architecture is a blend of contradictions. The term 'neoclassical' itself can be read as an oxymoron – a dead style imposed upon an incompatible world. The city's very foundation was an act of unparalleled violence which its entire history has been doomed to repeat. Built on a swamp watered with blood, St Petersburg was the product of one man's will to force a foreign culture on his traditionalist subjects, western ways onto a half-asiatic land. The original centre, the Peter-Paul Fortress, would become the notorious Tsarist political prison. Like all capital cities, its buildings and boulevards reek of power; now, seventy-five years after government shifted to Moscow, the husk still remains, all the insignia of authority without its force.

When Elena Shvarts revives mythical symbols or historical allusions, these cannot just be read as a marginal gloss on present-day reality. They are also real things in this curious environment, glittering as it is with distorted reflections. Peter the Great, the Bronze Horseman himself, and his rearing horse turn their rumps on that great blockhouse of St Isaac's Cathedral, with its symbolic beasts gazing down on them: Nicholas I, likewise riding the bucking steed of the state, follows his predecessor's lead on the other side of the cathedral. In front of the Russian Museum Pushkin throws out his right arm. Are a horde of Lenin statues throughout the city imitating his gesture, or vice versa? And on his column in Palace Square the city's guardian angel benignly held his cross over the Bolshevik troops when they stormed the Winter Palace in 1917. Myth and religion are inseparable here from history. Even the city's name confuses two worlds: Petersburg alone commemorates its founder, Peter the Great, while Saint Petersburg invokes the guardian of the keys to paradise.

St Peter's Vatican City bears a pair of crossed keys on its coat of arms; St Petersburg's arms display a pair of crossed anchors. This was Russia's port and window onto Europe. Peter the Great adored sailing and the sea, and was so captivated by the blend of sea and land at the delta of the Neva, with its many islands and channels, that he called the city his 'Paradise' (*Paradiz*). Whenever this loan word occurs (Russian for paradise is *rai*) in Elena Shvarts's poems, it refers to the city's origin as a petrified dream. The word implies something far different from the heavenly garden of Christian myth, where every want and need of the passively blissful inhabitants is supplied. This Petersburg/Paradise is the natural world yielding to human labour and imagination. It is a 17th century despot's dream, the chaos of nature and society subjugated in formal gardens and a table of ranks. In the 20th century that vision of order is viewed through its subsequent revisions, as the stagnant bureaucracy of 19th century Tsarism and the rigid planned economy of our own times. In Shvarts's bitterest attack on Petersburg, *Black Easter*, the city is 'spawn of a country-hovel brain,/ Reeking of cabbage soup...' And even when the place is seen through the eyes of love (*'What that street is called...'*), residual irony still encloses 'Paradise' in inverted commas.

But Elena Shvarts's interest in place relates to more than just this, or any other, city alone – she is concerned with the question of cosmos itself, that is, the world as an ordered and harmonious system. Though she is a believer, she is far from (Russian, or any other) orthodoxy. On the contrary, as her *Lavinia* cycle shows, her faith is heterodox and heretical, and tinged with her particular brand of humour. Her cosmos is like an ancient *mappa mundi* with landmasses arranged cross-wise around Jerusalem, the centre of the universe. 'Space ripped the cardinal points to form a cross.' Place for her is a question of orientation in the face of death and absolute values.

Absolute does not mean abstract. If the *Elegies on the Cardinal Points* are a route map for the lost soul, they are as quaintly illustrated as any medieval map, with strange birds, animals and plants, intricate settlements and fortresses, spines and limbs without bodies. The division of space into compass points is reflected in the shattering of the human body itself into isolated organs and limbs. Flocks of hands or eyes migrate in her phantasmic universe. A cremated body returns as coffee grounds, a skull emptied of its curd cheese filling flies off, veins are emptied of their 'hot pomegranate juice'. The metaphorical 'milk of human kindness' is taken literally in the image of an adult drinking from the breast. Her idiom weaves images of disruption into naive tableaux like some medieval tapestry; its warp and weft are fear and desire.

Shvarts's poetry follows the changeable rhythms of thought and perception, and this goes beyond her meaning to the form of the verse itself. Avoiding fixed schemes and structures, she continually changes speed, rhythm and line length. Along this plank, that is sometimes reduced to a fine wire, her poetical personae perform their dance between the sublime and the ridiculous. Her own name represents the contrasts or chiaroscuro of her work: Elena (Helen) denotes 'bright', Shvarts ('schwarz') is black. And it is, incidentally, a St Helena who is credited with the Invention of the True Cross. In Shvarts's poetry, the cross is more in evidence than Christ, and serves as the basic modelling system for space and the body.

It is not Christ's blood that flows in her poetic firmament but the blood of a woman in labour. If her personae are violent and mutable, that is because their identity, like her 'monster in the tower', is continually under attack. But these heroines can endure ridicule and contempt, and survive, even triumph. The humiliated, supine body of the Empress Catherine gradually fades into the Russian landscape itself, the motherland. This is a personified, or personifying, universe; the earth and the night sky are extensions or reflections of our own skin. In this verse and universe distinctions between mundane and transcendant are blurred: a cup of breast milk calls time into question, a baby in a pram confronts eternal darkness. However, there is another, separate, sphere and a God or Demiurge. But that Being is more housewife than Lord. This Creator who bakes the night like bread or stitches our blood circulation is familiar with kitchen and household work. Woman is the measure of all things in this cosmos. And if the rhythms that mark it out are occassionally irregular, even apparently incoherent, that is the breathlessness of birth pangs.

It is against this background of an impending birth that Elena Shvarts's poetry runs the gamut of torments and fragmentations – from the nausea of the hangover victim to the suicide shattered into blood and bone, from a pinpricked finger to gouged eyes. Cynthia is a sado-masochist, Lavinia's religious practices are as knockabout as a Punch-and-Judy show. This is a world of violent fantasy, fascinated by the wounds of the flesh and the lure of death, but the tortures are all self-imposed and self-inflicted. Behind it all (redeeming it? justifying it?) is the scene of a self-consciousness circling its origin in the timeless instant of shock when the body becomes a foreign object. Here birth is a mirror image of death. Our separation from our alienated skeleton (the cross we are all hung upon) makes our present consciousness of our body 'a crater after an explosion.' Elena Shvarts's poetry illuminates that spectral body, her grotesque or hermetic imagery bursts around it like a firework display. But its delayed effect occurs only after the explosions, when the retinal after-image fades into the background of the night sky.

MICHAEL MOLNAR

'PARADISE'

'Как эта улица зовется'

Как эта улица зовется – ты на дощечке прочитай.
А для меня ее названье – мой рай, потерянный мой рай.
Как этот город весь зовется – ты у прохожего узнай,
А для меня его названье – мой рай, потерянный мой рай.
И потому что он потерян – его сады цветут ещё,
И сердце бьется, сердце рвется счастливым пойманным
       лещом.
Там крысы черные сновали в кустах над светлою рекой –
Они допущены, им можно, ничто не портит рай земной.
Ты излучал сиянье даже заботливо мне говоря,
Что если пиво пьешь, то надо стакана подсолить края.
Какое это было время – пойду взгляну в календари,
Ты как халат, тебя одели, Бог над тобою и внутри,
Ты ломок, тонок, ты крошишься фарфоровою чашкой – в ней
Просвечивает Бог, наверно. Мне это все видней, видней.
Он скорлупу твою земную проклевывает на глазах,
Ты ходишь сгорбившись: ещё бы – кто на твоих сидит плечах!
Ах, я взяла бы эту ношу, но я не внесена в реестр,
Пойдем же на проспект, посмотрим – как под дождем идет
       оркестр,
Как ливень теплый льется в зевы гремящих труб. Играя вниз
С 'Славянкой' падает с обрыва
               мой Парадиз.

'What that street is called'

What that street is called – you can read it on the sign,
For me its name is paradise, my lost paradise.
What the whole town's called – you can ask a passer-by,
For me its name is paradise, my lost paradise.
Because it's lost, its parks are still in blossom,
My heart throbs, my heart thrashes, a happy captured bream.
Black rats nest over the shining river, in undergrowth,
They're permitted, welcome, nothing can ruin paradise on earth.
You were radiant even when you thoughtfully advised
That when you drink beer you should salt the rim of the glass.
What a time that was – I'll look it up in the calendar,
You're like a house-coat, you are worn, God is above you and inside.
You're delicate, frail, you crumble like a porcelain cup – God's glow
Is shining through it, probably, it's all becoming clearer now.
He's pecking through your mortal shell before our very eyes,
You're stooping – and no wonder! – look who's sitting on your
        shoulders.
Oh, I'd accept that burden, but my name's not written down,
Let's stroll along the boulevard, watch the band play in the rain,
As warm torrents pour into the thundering gullets of horns,
        over a precipice,
Playing the *Slavyanka*, down it drops,
                     my 'Paradise'.

Детский сад через тридцать лет

За Балтийским вокзалом косматое поле лежит,
Будто город сам от себя бежит,
Будто здесь его горе настигло, болезнь,
Переломился, и в язвах весь.
Производит завод мясокостную жирную пыль,
Пудрит ею бурьян и ковыль,
Петроградскую флору.
И кожевенный там же завод и пруд,
Спины в нем табунов гниют.
Ржавые зубы кривые растут из бугров,
Изо ртов больших тракторов.
Кажется: будет –
Народятся из них новые люди
И пойдут на Исакий войной, волной,
Вой-не-вой – все затопят.
Если птица здесь пролетает, то стонет –
Глаза закрывает, крылом эти пустоши гонит.
Там же и раскольничье кладбище дремлет,
Сломана ограда и земля ест землю.
Здесь же детский мой садик.
Здесь я увидела первый снег
И узнала, что носит кровь в себе человек,
Когда пальчик иглою мне врач окровянил.
Ах, за что же, Господи, так меня ранил?
Детский садик, адик, раек, садок –
Питерской травки живучей таит пучок.
В полночь ухает не сова, не бес –
Старый раскольник растет в армяке до небес.
Он имеет силу, он имеет власть
Ржавые болезни еще раз проклясть.
Из муки мясокостной печет каравай
Красного хлеба и птицам крошит.
Он зовет императора биться на топорах.
До первой смерти и новой пороши.
Он берет из прудов черные кожи
И хлещет воздух по роже,
И пускает их по небу, как тучи,

Kindergarten: Thirty Years On

Behind the Baltic Station lies a ragged field
As if the city were fleeing from itself,
As if misery overwhelmed it here, some sickness,
And it broke down and burst out in ulcers.
A factory produces oily bonemarrow dust
That powders weeds and feather-grass,
The Petrograd flora.
And a tanning factory stands there too and a pond
Where a herd of backs decays.
Rusty crooked teeth grow out of hummocks,
Out of the mouths of great tractors.
One day, it seems –
They will give birth to a new breed
That will march on St Isaac's in war, in a wave,
A wail willynilly – they'll drown the lot.
If a bird flies over here, it sobs –
Closes its eyes, flaps this wasteland aside.
An Old Believers' graveyard dozes there as well,
The fence is cracked and earth eats into earth.
Here is my kindergarten too.
Here I saw my first snow
And found out that a person carries blood inside,
When a doctor bloodied my finger with a needle.
Oh why, dear Lord, did you have to wound me like that?
Nursery school, hellhole, peepshow, pitfall
Where a clump of hardy Petrograd grasses nestles.
At midnight it is not an owl that hoots, not a devil –
An ancient Old Believer in his kaftan towers up to the heavens.
He has strength, he has power
To lay the curse of rusting diseases once more.
He bakes a round loaf of crimson bread
Out of bonemarrow flour and crumbles it for the birds.
He challenges the emperor to fight with axes
Till the first one dies and new snow falls.
He pulls the black skins out of the ponds
And lashes the air in its ugly mug
And releases them into the air like clouds

Весть нести –
Город, как туша, разделан
У дикой тоски в горсти.
Так человек в середине жизни
Понимает – не что он, а где он.
Труб фабричных воет контральто,
И раскольник крестится под асфальтом.
И за то, что здесь был мой детский рай;
И за то, что здесь Ты сказал: играй;
И за то, что одуванчик на могилах рвала
И честно веселой, счастливой была, –
О дай мне за это Твою же власть
И Тебя, и детство свое проклясть.

To carry the news –
The city is laid out like a carcass
In the grip of savage anguish.
This is how a person in the middle of life
Understands – not what he is, but where.
A factory hooter howls contralto,
And the Old Believer crosses himself under the asphalt.
And because my childish paradise was here;
And because it was here You said to me: play, –
And because I plucked dandelion clocks on the graves
And was truly happy and light-hearted –
O grant me in its place the power You have
To lay a curse on You and on my childhood.

Новый Иерусалим

Когда-то русская земля
У Истры, на равнине чуткой
(Должно быть, в смерти миг Господней)
Завесу на себе рванула –
Там выпрямилась, здесь прогнулась,
Там выкруглилась, протянулась,
Второй Голгофою вздохнула.
Спрямилась Истра в Иордан.

Как будто посмотрела местность
В заоблачные зеркала –
В черты лица Ерусалима,
И повторила, как смогла.
(Так белая сестра-подросток,
Бывает, подражает брату
Горяче-смуглому…)
И ангелом ведомый патриарх
Пришел на эту гору, в тот овраг,
И землю ту узнал, и храм воздвиг,
Мельхиседека гробницу перенес
В притвор особый, тесный.
И думал Никон – с этих палестин
Короткий перелет во град небесный.

А я брожу кругами по двору –
Как далеко до тех прекрасных стран!
Но Бог повсюду помнит человека.
И поутру
Я здесь похороню Мельхиседека,
И речка Черная пусть будет Иордан.
Я Кану Галилейскую найду
Здесь у ларька пивного, право слово.
В пустую кружку льется дождь во льду,
Он крепче пития хмельного.
Скользит черно-зеленая вода,
Пускай века и люди идут мимо –
Я поняла – никто и никогда
Не выходил из стен Ерусалима.

The New Jerusalem

There was a time when Russian earth
By the Istra, on a sensitive plain
(Probably at the instant Our Lord died)
Tugged a veil across itself,
Parts of it tightened, others sagged,
Some parts twisted, others stretched,
And like a second Golgotha it sighed,
The Istra straightened out into the Jordan.

As if the countryside had gazed
Into some mirror beyond the clouds –
Into the features of Jerusalem's face,
And duplicated them as best it could.
(As a pale adolescent sister
May sometimes imitate her glowing
Swarthy brother...)
And the Patriarch, at the bidding of an angel,
Came to this mount, to this ravine,
And recognized this land and raised a shrine,
And transferred Melchizedek's sepulchre
To an intimate chapel set apart.
And Nikon thought – from these native lands
It is a short flight to the City of God.

But I wander round and round the yard –
How far away that beautiful country is!
Yet everywhere God remembers humankind,
And in the morning
This is where I'll bury Melchizedek,
Let the Black Stream be the river Jordan.
I shall discover Galilean Cana
Here at the beer stall, in very truth.
Rain pours onto ice in an empty beer mug
And it is more powerful than alcohol.
The dark green water slides away –
Let centuries and people pass –
I realised – never has anyone
Stepped outside the walls of Jerusalem.

Свалка

Нет сил воспеть тебя, прекрасная помойка!
Как на закате, разметавшись, ты лежишь со всклоченною
        головой
И черный кот в манишке белой колко
Терзает, как пьянист, живот тяжелый твой.
Вся в зеркалах гниющих – в их протресках
Полынь высокая растет –
О, ты – Венеция (И лучше, чем Венецья),
И гондольером кот поет.
Турецкого клочок дивана
В лиловой тесноте лежит
И о Стамбуле, о кальяне
Бурьяну тихо говорит.
В гниющих зеркалах дрожит лицо июля.
Ворона медленно на свалку опустилась,
И вот она идет надменнее, чем Сулла,
И в цепкой лапе гибель или милость.
Вот персик в слизи, вспухи ягод, лупа,
Медали часть, от книги корешок.
Ты вся в проказе или ты – ожог,
Ребенок, облитый кипящим супом.
Ты – Дионис, разодранный на части
Иль мира зеркальце ручное.
Я говорю тебе – О Свалка,
Зашевелись и встань. Потом,
О монстр, о чудовище ночное,
Заговори охрипло рваным ртом.
Зашевелись и встань, прекрасная помойка!
Воспой – как ты лежишь под солнцем долго,
Гиганта мозгом пламенея, зрея,
Все в разложенье съединяя, грея.
Большою мыслью процвети, и гной
Как водку пей, и ешь курины ноги.
Зашевелись, прекрасная, и спой!
O rosa mystica, тебя услышат боги.

The Dump

O glorious dump, how shall I sing your praise!
You lie in the flickering sunset, sprawling, dishevelled;
A subfusc cat, immaculate in evening dress,
Tweaks at your swelling paunch, deft as a pianist.
The rotting backs and shattered glass of mirrors
Enclose a wormwood's straggling roots;
You are as grand as Venice! (No, far grander!)
The cat is your gondolier, and sings a serenade.
The ruined wreck of an ottoman
Lies cramped in a pool of lilac shade,
Whispering tales of hookahs by the Golden Horn
To lionising clumps of willowherb.
July bobs to admire its face in shards of glass.
A crow dives slowly, then plumps down,
And struts upon you, stately as Sulla,
Holding doom, or mercy, gripped in each claw.
You're peaches' slimy shreds, and berries' slippery bubbles,
Lost lenses, torn book-covers, broken medals;
Your skin is leprous; you're pink and blistered
As a child inundated in scalding soup.
You're Dionysus ritually dismembered,
You're a microcosm in a make-up mirror.
But I say this to you: shake your sleepy limbs,
Get up on your feet, and walk. And then,
You monster, incubus of night,
Open your tattered mouth and speak.
O glorious dump, shake out your limbs and walk!
Sing of the days spent lying in the sun,
Your body warm, your giant's brain crackling, burning,
Yet unifying all that you survey.
May great thoughts bloom and rot in you
As you feast on vodka droplets, chicken bones.
O glorious dump, get to your feet and sing!
O Rosa mystica, the gods must hear your voice.

[CK]

Черная пасха
(Поэма)

1 *Канун*

Скопленье луж как стадо мух.
Над их мерцанием и блеском,
над расширяющимся плеском
орет вороний хор.
И черный кровоток старух
по вене каменной течет вдоль глаз в притвор.
Апрель, удавленник, черно лицо твое.
Глаза серей носков несвежих,
твоя полупрозрачна плешь,
котел нечищеный, безбрежный,
где нежный праздник варят для народа –
спасительный и розовый кулеш.

Завтра крашеные яйца,
солнца легкого уют.
Будем кротко целоваться,
радоваться, что мы тут.
Он воскрес – и с ним мы все –
красной белкой закружились в колесе
и пылинкою в слепящей полосе.

А нынче, нынче все не то,
и в церкву не пройти,
на миг едва-едва вошла
в золотозубый рот кита миллионера –
она все та же древняя пещера,
что, свет сокрыв, от тьмы спасла,
но и сама стеною стала,
и чрез нее, как чрез забор,
прохожий Бог кидает взор.

Войдешь – и ты в родимом чреве:
еще ты не рожден, но ты уже согрет
и киноварью света разодет.
Свечи плачутся, как люди.
Священника глава на блюде
толпы – отрубленной казалась.

Black Easter

1 *The Eve*

A cluster of puddles like a pack of flies.
Above their glint and glitter,
above the dispersing splatter,
bawls a choir of crows.
A stream of crones flows past the eyes,
black blood along a stone vein to the church doors.
Strangled April, your face is black.
Eyes greyer than dirty socks,
your bald patch, half-transparent,
an enormous dirty cauldron,
brewing a welcome festival for the populace –
a pink, redeeming gruel.

Tomorrow daubed eggs,
comfort of a frail sun.
We'll meekly kiss,
rejoice we're here.
He is risen – and all of us with Him –
like a red squirrel we span inside a wheel,
like a speck of dust in a blinding beam.

But nowadays everything is wrong,
there's no room in the church,
only for a moment could I squeeze inside
the gold-toothed mouth of the millionaire-whale –
it's still the same primordial cavern
that, protecting light, preserved us from the dark,
but became a barrier itself,
and passing by, God casts a glance
through it, as if through a fence.

You enter – and you're in your native womb:
though still unborn you are already warmed,
dolled up in cinnabar.
Candles weep like humans.
The priest's head on the salver
of the crowd – seemed severed.

В глазах стояла сырость, жалость.
Священник, щука золотая,
багровым промелькнул плечом,
и сердца комната пустая
зажглась оранжевым лучом.
И, провидя длань Демиурга
со светящимся мощно кольцом,
в жемчужную грязь Петербурга
я кротко ударю лицом.
Лапки голубю омыть,
еще кому бы ноги вымыть?
Селедки выплюнутая глава
пронзительно взглянула, –
хоть глаз ее давно потух,
но тротуар его присвоил
и зренье им свое удвоил.
Трамвай ко мне, багровея, подлетел
и – как просвирку – тихо съел.
Им ведь тоже, багровым, со складкой на шее,
нужно раз в году причаститься.

2 *Где мы?*

Вот пьяный муж
булыжником ввалился
и дик, и дюж,
заматерился.
Он весь как божия гроза:
'Где ты была? С кем ты пила?
Зачем блестят твои глаза
и водкой пахнет?' –
и кулаком промежду глаз
как жахнет.
И льется кровь, и льются слезы.
За что, о Господи, за что?
Еще поддаст ногою в брюхо.
Больной собакой взвизгнешь глухо
и умирать ползешь,
грозясь и плача, в темный угол,
а там уж волю вою дашь.
Откуда он в меня проник,
хрипливый, злой звериный рык?
Толпой из театра при пожаре

Pity dampened my eyes.
The priest, a golden pike,
flashed a crimson shoulder,
and an orange ray of light
flared in the empty room of the heart.
I sense the Demiurge's hand,
with the powerful gleam of its ring,
and I meekly bow my face
in Petersburg's pearly mud.
To wash the pigeon's claws,
who else's feet to cleanse?
A herring's spat-out head
looked up with its fixed gaze –
though its eye had long gone dim
the pavement had adopted it,
adding its vision to its own.
A tram swooped up, flushed crimson,
and quietly swallowed me, like a wafer.
For they too, crimson with their wrinkled nape,
have to take communion once a year.

2 *Where are we?*

My husband, drunk,
burst in like a stone,
a hefty lout
with a foul mouth.
He's like a thunderstorm:
'Where've you been?' he asks, 'Who've you been drinking with?
Why're your eyes so bright,
why does it stink of booze?' –
and his fist lashes out
smack in my face.
And the blood flows, and the tears flow.
Why, for God's sake, why?
Then comes a kick in the guts.
With a low yelp like a sick dog
I creep away to die,
crying and threatening, into a dark corner,
and there I can howl to my heart's content.
Where did it come from, this bestial,
malignant, guttural growl?
Like a crowd from a theatre on fire

все чувства светлые бежали.
И боль и ненависть жуешь.
Когда затихнешь, отойдешь,
он здесь уже, он на коленях,
и плачет, и говорит: 'Прости,
не знаю как… Ведь не хотел я…'
И темные слова любви
бормочет с грустного похмелья.
Перемешались наши слезы.
И я прощаю, не простив,
и синяки цветут, как розы.

Мы – ведь где мы? – в России,
где от боли чернеют кусты,
где глаза у святых лучезарно пусты,
где лупцуют по праздникам баб…
Я думала – не я одна, –
что Петербург нам родина – особая страна.
Он – запад, вброшенный в восток,
и окружен, и одинок,
чахоточный, все простужался он.
И в нем процентщицу убил Наполеон.
Но рухнула духовная стена –
Россия хлынула, дурна, темна, пьяна.
Где же родина? И поняла я вдруг:
давно Россиею затоплен Петербург.
И сдернули заемный твой парик,
и все увидели, что ты –
все тот же царственный мужик,
и так же дергается лик,
в руке топор,
расстегнута ширинка, –
останови же в зеркале свой взор
и ложной красоты смахни же паутинку.
О Парадиз!
Ты избяного мозга порожденье,
пропахший щами со дня рожденья.
Где же картинка голландская, переводная?
Ах, до тьмы стая мух засидела родная,
и заспала тебя детоубийца,
порфироносная вдова.
В тебе тамбовский ветер матерится,
и окает, и цокает Нева.

my better feelings have fled.
I chew the cud of pain and hatred.
When I calm down and start to leave,
he's there already, on his knees,
weeping and saying, 'Forgive me,
'I don't know how it was... I didn't mean to...'
Out of his hangover misery
he mutters sombre words of love.
We blend our tears.
Unforgiving, I forgive him
and bruises bloom like roses.

Where are we after all? – in Russia,
where bushes blacken in agony,
where saints have radiantly empty eyes,
where women are thrashed on Sundays...
I thought – and I was not the only one –
that Petersburg, our country, was a land apart.
It was the west flung east,
surrounded, isolated,
chilled to the bone and grown tubercular.
It's where Napoleon killed the moneylender.
But a spiritual barrier collapsed,
Russia gushed in, dark, evil, drunk.
Where's our homeland? Suddenly I understood,
long ago Russia flooded Petersburg.
And your hired wig was snatched away
and everybody saw –
you were still the same imperial peasant,
same twitching face,
axe in your hand,
your flies undone –
take a look in the mirror,
brush away the cobweb of fake charm.
O 'Paradise'!
You're the spawn of a country-hovel brain,
reeking of cabbage soup from the day you were born.
Where's the Dutch picture, the transfer copy?
Masses of native flies have bleared it with their droppings,
and you've been stifled in sleep by an infanticidal
purple-clad widow.
A wind from Tambov swears inside you
to the country burr and babble of the Neva.

3 *Разговор с жизнью во время тяжелого похмелья*

Багрянит око
огнем восток.
Лимонным соком
налит висок.
И желт состав,
как из бутылки,
пьет жизнь, припав
вампиром к жилке.
Ах, жизнь, оставь,
тебе ли руку я не жала,
показывала – нет кинжала,
а ты, а ты не унялась…
И рвет меня
уже полсуток,
о, подари хоть промежуток –
ведь не коня.
Ну на – терзай, тяни желудок к горлу,
все нутро – гляди, в нем тоже нет оружья,
я не опасна, я твоя,
хоть твоего мне ничего не нужно.
Но, тихая, куском тяжелым мяса
она прижмется вся к моим зрачкам:
жива ль она? мертва? она безгласна,
и голос мой прилип к ее когтям.
И, как орел, она несет меня
знакомыми зелеными морями,
уронит и поймает, вновь дразня,
и ластится румяными когтями.
Как сердце не дрожит,
но с жизнью можно сжиться:
то чаем напоит,
то даст опохмелиться.

3 *Conversation with life during a severe hangover*

Crimson west
fires the eye.
Lemon juice
soaks my brow.
A yellow brew,
a flask life drains,
glued like a vampire
to a vein.
Ah life, leave off,
didn't I shake hands,
showed I'd no knife,
but you wouldn't give over...
Half the day's gone,
I still want to be sick,
o, please just let me have a break,
it's not asking the moon.
Alright, torment me, wrench my stomach up my throat,
all my insides – look, there's no knife there either,
I belong to you, I'm not a danger,
though there's nothing you can give I need.
But quietly, like a heavy slab of meat,
she presses herself against my eyes:
is she alive or dead? she's mute,
and my voice stuck to her claws.
Like an eagle she carries me off
across familiar green seas,
drops me and catches me, teasing,
carresses me with blushing claws.
Though the heart shivers,
one can live with life,
whether it's tea it serves us
or a hair of the dog for relief.

4 *Искушение*

Воронкой лестница кружится,
как омут — кто-то мил и тих,
зовет со дна — скорей топиться
в камнях родимых городских.
Ведь дьяволу сверзиться мило,
и тянет незримо рука
туда, где пролет ниспадает уныло
одеждой моей на века.
Он хочет, он хочет вселиться
и крови горячей испить,
и вместе лететь и разбиться,
и хрустнуть, и миг, да не быть.
Но цепь перерождений —
как каторжные цепи,
и новый облик душу,
скокетничав, подцепит.
Ах, гвоздь ведь не знает,
отчего его манит магнит,
и я не знаю, кто со дна
зовет, манит.
Может, кто-то незримый, родной,
и так же, как я, одинок…
Торговцем злобным сатана
чуть-чуть меня не уволок,
конфетой в лестницы кулек
легко б лететь спьяна.
Но как представлю эту смесь —
из джинсов, крови и костей,
глаз выбитый, в сторонке крестик…
Ах, нет, я думаю, уволь.
А мы — зачем мы воскресаем
из боли в боль?
И кровь ручонкою двупалой,
светящейся и темно-алой,
тянется в помещенье под лестницей,
где лопаты и метлы,
там-то ее пальчики прижали,
там они увяли, засохли.

4 *Temptation*

The staircase twists like a funnel,
a whirlpool – a voice, sweet and low,
calls from the depths – go on, plunge
into the native city stones.
For the devil welcomes a false step
and I'm tugged by an unseen hand
where the stairway drops, despondent
as my clothes, time out of mind.
He wants, he wants to move in,
to swig hot blood,
fly down together and be broken,
spill over stone in abandon,
a crunch, an instant, the end.
But the chain of rebirth
is like convicts' chains,
the soul's new guise will flirt
with us and pick us up.
Ah, the nail doesn't know why
it's attracted to the magnet,
I don't know what it is down below
that calls and attracts.
Perhaps someone dear to me, unseen
and lonely like myself...
Satan the vicious trader almost
dragged me away,
drunk, how easy it would be to fly
down the staircase like sweets into a bag.
But when I imagine that mixture
of jeans and blood and bone,
an eye knocked out, cross to one side...
O no, I think to myself, no thanks.
But why are we resurrected
from pain to pain?
And blood, a glossy purple
two-fingered little hand,
reaches down to the cupboard below the stairs
where shovels and brooms are kept,
there its little fingers got jammed,
there it was they faded and dried up.

5 *Наутро*

Я плыву в заливе перезвона,
то хрипит он, то – высок до стона.
Кружится колокольный звон,
как будто машет юбкой в рюшах,
он круглый, как баранка он,
его жевать так рады уши.
Христосуется ветер и, косматый,
облупливает скорлупу стиха.
А колокольня девочкой носатой
за облаками ищет жениха.

6 *Обычная ошибка*

Сожженными архивами
кружится воронье.
На площадь черно-сивую
нет-нет да плюнет солнце.
И кофеем кружит народ
на городских кругах.
И новобранцем день стоит,
глядит в сухих слезах.
Бывают дни, такие дни,
когда и смерть, и жизнь
близнятами к тебе придут, –
смотри, не ошибись.
Выглядят они просто́ –
на них иссиние пальто
торжковского пошива,
и обе дамочки оне
торгового пошиба.
Губки крашены сердечком,
и на ручках по колечку.
И я скажу одной из них –
у ней в глазах весна:
'Конечно, ты – еще бы – жизнь,
ты, щедрая, бедна.'
Но вдруг я вижу, что у ней
кольцо-то на кости.
И на коленях я к другой:
'Родимая, прости!'

5 *The morning after*

I'm floating in a gulf of chiming bells,
sometimes muted, sometimes high as a groan.
The carillon circles round and round
as if someone were flapping a ruched skirt,
it's circular like a currant bun
and a pleasure for our ears to chew.
The shaggy wind gives our cheeks their easter kiss,
it peels the shell of poetry away.
And the belfry like a longnosed lass
is looking for a bridegroom in the sky.

6 *The usual mistake*

Scraps of burnt archives,
circling flocks of crows.
From time to time the sun
spits on the grey-black square.
Folk spin like coffee grounds
in the circles of the city.
Like a recruit, day stands
staring through dry tears.
These are the sort of days
when death and life alike
appear to you as twins –
watch you don't make a mistake.
They're plainly dressed
in bluish coats,
provincial style,
and both ladies have a manner
that is mercantile.
Their painted lips are cupid's bows
and each of them wears a ring.
To one of them whose eyes
spring fills I say: 'Of course,
what else are you but life,
you're poor and generous.'
But suddenly I see
her ring is round the bone.
I kneel before the other:
'Forgive me, dearest one!'

Но в сердце ужас уж поет,
жужжит сталь острия.
Бумагу Слово не прожжет,
но поджелтит края.

But my heart sings out in horror,
there's the hum of a steel blade.
The Word won't burn through paper
but the edges will be seared.

Два аспекта

I

Вот не думала, что доживу, дожду
До подгнивших слив в дрожжевом саду,

До августовской поворотной ночи, когда
Червь не минет ни одного плода.

Хоть еще далеко до злых холодов,
Но дубеет уже кожа нежных плодов.

В зрелости и разложенья пьянящем соку
Юным уснешь, а проснешься со смертью в боку,

Со старостью, ноющей в кончике языка.
Громко она закричала, проснувшись в горах.

И несемся мы с нею друг другу навстречу,
Меняя глаза на глаза, плечи на плечи…

II

До того, что буду скользить меж звезд,
Волоча сиреневый скользкий хвост,

Что станет ясной, морозной моя голова,
Но хмельные прорастут из меня слова,

Как из щелей дионисовой лодки – лозы,
И вылетят из меня, торопясь, стрекозы.

Two Aspects

I

I did not think that I would live to see
these rotting plums, this garden thick with yeast,

this August cuspid evening when
worms glut themselves on every dangling globe.

Although the vicious frosts have not yet bitten
the skin of tender fruits already toughens

as they sit aging in their drunken juice.
You fell asleep a youth, death stabs you now.

You feel how age is nagging at your tongue;
it screeched on waking in the hills alone.

Old age and I speed to our meeting point,
exchanging eye for eye, and bone for bone.

II

Until I slip amongst the starry throng
dragging my slippery violet tail along,

until my frosty head is clear
although my mouth spouts drunken words

as vines sprout from the wine-god's boat
the pent-up dragonflies in me burst forth.

[CK]

41

Книга на окне

Как ягненку в грозу или чистым-нечистым, запихнутым в ящик
Страшно мне в этом дереве, древе кипящем

Большое дерево – Божье Слово –
Лавр, шелест, трепет слышно –
На котором пророки висят, как терновые вишни
Или как рыба на нити (прыг-скок) рыболова.
О, древесная темень, спутанность, прелесть –
Ветки, ягоды, ангелы – все они спелись,
Они ткут и поют. Что же ткут? Багряницу.
Среди листьев китов бьют фонтаны, а птицы –
Птицы хищные выпили б кровь этих ягод,
В зоб свой замшевый пару-другую схоронили.
Только нет – обожглись, снова вплюнули в ветки –
И они приросли канарейками к клетке.
В это дерево мне не войти – это джунгли,
Ты уж там – в сердцевине, в стволе, в тихо тлеющем угле.
Среди листьев там плещется море, и птицы-пловцы в нем не
          тонут,
Ночь – Иона в Ките, через ночь – Кит в Ионе.
Вот яблоко, звеня, отверзлось, и два павлина там:
Тот, что пестрее, – Ева, позолотей – Адам.
Авраам лимоном сияет, в дуплах светлые духи роятся,
На лепестках стада оленей, серн,
Юдифь летает синей белкой
И орехи грызет и твердит: Олоферн, Олоферн.
А Ной смолит большую бочку и напевает.
(Ведь ты меня возьмешь туда,
Когда поднимется вода?)
И молнией златой Илья все обвивает.

Говорят, всю прочтешь – зачитаешься, съедешь с ума.
Это видно, заметно – дрожит уже он.
Тыква разума с радостью рухнет сама –
Толстобокий надменный Иерихон.
И я тогда шагну в дремоте легкой, странной
Под водопад теснящихся теней.
О Моисей, придя к земле обетованной,
Ты чувствовал, что ты приснился ей?

The Book on the Windowsill

Like a lamb in a storm, or two and two crammed in a crate
I sit in these teeming branches, and tremble with fear.

A mighty tree is the word of God,
A laurel with leaves that whisper and rustle;
The prophets hang on it like thorn-apples,
Or fish on an angler's line (jump hop!).
Confusion, darkness and beauty dwell in its shade,
Branches, fruit, a chorus of angels all singing,
Singing and weaving – what? Purple brocade.
Whales in the foliage spout fountains;
Birds fix predatory eyes on the berries,
Longing to cram their craws to the brim;
But down they go plummeting on scorched wings,
And sit caged in the branches, tame as canaries.
I cannot approach the tree in its thickets;
Yet you're there in the heart-wood, the smouldering trunk.
The birds bob in the swirling leaves like bathers;
Jonah lies in the Whale at night, in the morning the Whale lies
      in him.
Down thuds an apple, and splits to show peacocks inside;
Eve wearing harlequin colours, and Adam with gilded feathers –
There's Abraham, bright as a lemon. The hollows hold luminous
      spirits,
And on cach calyx gazelles and fallow-deer graze.
Judith flies through the air, cracking nuts like a squirrel,
'Holofernes!' she cries, and preens her blue fur.
Noah is chanting and caulking a mighty barrel:
'Lord, hear my cry when the water is high' runs the song;
And Elijah wraps up the tree in golden ribbons of lightning.

They say you can't read every word. If you do, you go mad.
It seems to be true: I can feel that my own mind is shaking.
Reason's as ready to burst as an over-ripe pumpkin,
Just as the smug, stout-walled town of Jericho learnt.
So let me walk in my strange, light sleep, half-waking
And pass through the waterfalls of shades.
O Moses, when you came at last to the Promised Land
Did you ever feel you were something she'd dreamt?

Не знаю, что это, но если это книга,
То вот она лежит пред лесом на окне,
Ее листает ветер торопливо,
Она горит на западном огне.
И миллионы глаз слетались к ней из ночи,
Из леса и кружились вкруг нее –
Как бы шары и орды пчел рабочих
Кругом куста, цветущего огнем.

I do not know what this is. If it were a book
It would lie by a window with forest beyond,
The wind flicking nervously through its pages,
It would sit on a fire in the West and burn.
Eyes would pierce the forest night,
Surrounding the book and pressing in,
Flying thick and close as honey-bees fly
Round a bush with blossoms of flame.

[CK]

Подражание Буало

Э.Л.Линецкой

Мне нравятся стихи, что на трамвай похожи:
звеня и дребезжа, они летят, и все же,

хоть косо, в стеклах их отражены
дворы, дворцы и слабый свет луны,

свет слепоты – ночного отблеск бденья,
и грубых рифм короткие поленья.

Поэт собой любим, до похвалы он жаден.
Поэт всегда себе садовник есть и садик.

В его разодранном размере, где Дионис живет,
как будто прыгал и кусался несытый кот.

Неистовство и простота всего в основе,
как у того, кто измышлял составы крови.

Родной язык как старый верный пес, –
когда ты свой, то дергай хоть за хвост.

Но, юный друг, своим считаю долгом
предупредить, что Муза схожа с волком,

и если ты спознался с девой страшной,
то одиночества испробуй суп вчерашний.

Поэт есть глаз, – узнаешь ты потом, –
мгновенье связанный с ревущим Божеством.

Глаз выдранный – на ниточке кровавой,
на миг вместивший мира боль и славу.

Imitation of Boileau
for E.L. Linetskaya

I'm fond of verses that are like a tram:
jingling and jangling as they speed, but all the time

their windowpanes reflect, albeit at a slant,
courtyards, palaces and the moon's pale glint,

the glint of blindness – nocturnal sheen of vigils
and the truncated logs of doggerel.

The Poet is self-enamoured, for praise a glutton,
the Poet is forever his own gardener and garden.

In his betattered measures where Dionysus lives,
it's as if a famished cat capered and bit.

Rage and simplicity are the base of everything, the root
of Him who fabricated the elements of blood.

A native tongue is like an old and faithful dog –
when you're the master, you can give its tail a tug.

But, young companion, I consider myself
obliged to warn you that the Muse is like a wolf,

and once you've come to know the dreadful maid,
you'll sup the stale broth of solitude.

The Poet is an eye – later you'll find this out –
linked for an instant to a howling God.

A gouged eye on a bloody thread, for a moment filled
with all the pain and glory of the world.

Коляска, забытая у магазина

Ребенок позабыт в шелку коляски.
Мать утонула в блеске магазина.
На крае сумерек уж появилась ночь.
С кровавой ягодкой влечет она корзину.
Клубится и мяучит кот,
Фонарь горит над низкою луной,
Лежит младенец под
Чуть наклонною стеной.
Жива стена, жив шелк, шуршат пеленки,
И только нет его, он растворен,
Он ничего не значит,
Как эти крики хриплые вокруг:
Ребенок чей? Уже давно он плачет.
Они кричат, как птицы надо льдом,
А он, кружася, упадает в прорубь.
Коляску метит, пролетев с трудом,
Розовоглазый голубь.
Столпились тени, лед шуршит газетой,
Но плошка разума светѝтся, не погасла,
Хоть испаряется ее святое масло,
Хотя уже дрожит несчастный огонек
И жалобно клонится.
Но где ж она, родимые сосцы, тепло и свет?
Пора бы появиться.
И появляется с авоською она –
Что выплюнуть его на свет решилась,
И весело влечет скорей туда,
Где сразу все забылось.
И не заметно ей – младенец растворен
В ночи, как сахара кусочек,
Но он воскреснет вновь, да, выплывет он вновь –
До новой тьмы и ночи.

A Pram Forgotten outside a Shop

A child forgotten in a silk-lined pram.
The mother plunged into a glittering shop.
Night has already appeared at the fringe of dusk
Dragging a bloody berry in a basket.
A cat hunches up and miaows,
Above the low moon a streetlight burns,
The infant lies below
A gently sloping wall.
The wall's alive, the silk's alive, the nappies rustle,
He's the only one not here, he's melted,
He has no meaning
Like those hoarse cries around him:
Whose child is that? It's ages he's been wailing.
They cry out like birds above the ice-floes
While he drops, spinning, into a crevasse.
A pink-eyed pigeon skims the pram
And drops its mess.
Shades huddle, ice rustles like newspaper,
But the mind's wick shines on, still unquelled,
Although its holy oil is drying up,
Although the unhappy flame is already flickering
And bowing piteously.
Where is she, the beloved nipples, the warmth and light?
It's time she appeared.
And she makes her appearance with a shopping net –
The woman who chose to spit him into the world,
Merrily she hauls him off to where
Everything's forgotten straight away,
And she can't see – the infant has dissolved
In the night like a lump of sugar,
But he'll arise and drift out once again
Until the next night falls.

Воспоминание о странном угощении

Я отведала однажды
Молока своей подруги,
Молока моей сестры –
Не для утоленья жажды,
А для вольности души.
Она выжала из груди
Левой в чашку молоко,
И оно в простой посуде
Пело, пенилось легко.
Оно пахло чем-то птичьим,
Чем-то волчьим и овечьим,
Больше вечным, чем путь Млечный,
было теплым и густым.
Так когда-то дочь в пустыне
Старика-отца поила,
Став и матерью ему.
Силой этой благостыни
В колыбель гроб превратила,
Белизной прогнала тьму.
Из протока возле сердца
Напоила ты меня –
Не вампир я – ой ли – ужас –
Оно пенилось, звеня,
Сладким, теплым, вечным, мягким
Время в угол, вспять тесня.

Remembrance of Strange Hospitality

Once I had a taste
Of a girlfriend's milk,
My sister's milk —
Not to quench my thirst
But satisfy my soul.
Into a cup she squeezed
Milk from her left breast
And in that simple vessel
It gently frothed, rejoiced.
There was something birdlike in its odour,
Whiffs of sheep and wolf, and something older
Than the Milky Way, it was
Somehow warm and dense.
A daughter in the wilderness,
Once let her aged father drink
From her breasts and thus became
His mother. By this act of grace
Her whiteness drove away the dark,
A cradle substituted for a tomb.
From the duct next to your heart
You offered me a drink —
I'm not a vampire, am I? — Horror.
It frothed and tinkled, warm
And sweet, soft, everlasting,
Crowding time back in a corner.

Кинфия

(Кинфия – римская поэтесса I века до н.э., героиня элегий Проперция, прославившаяся не только талантом, но и дурным нравом. Стихи ее не дошли до наших дней, однако я все же попыталась перевести их на русский язык.)

I *К служанке*

Дай мне мази багровой –
Ветрянку у губ успокоить,
Дай, постель подогрев,
Чемерицы в горячем вине.

Ливень льет с утра –
Ледяными хлыстами
Рим сечет, как раба,
Пойманного в воровстве.

В клетке кричит попугай –
Разговорился, проклятый!
Край наш под мокрым застыл одеялом,
Только там – далеко – в Пиренеях –

На германца идут легионы.
В ущельях – как мизинец они,
Что в агонии долго дрожит,
Когда тело уже омертвело.

В Риме никто переменчивей нравом
Меня не рождался –
Нынче куда не взгляну –
Все раздражает меня –

Все верещит попугай –
Жалкого жалкий подарок.
Задуши его быстро, рабыня.
Тельце зеленое после в слезах поплывет,
Буду тебя проклинать, но сейчас – задуши поскорее.

Ревут водостоки, сегодня никто –
ни вор, ни любовник из дому не выйдет,
Тщетно в трактире напротив
Мутных не гасят огней.

Cynthia

(Cynthia is a Roman poetess of the 1st century B.C., the heroine of the elegies of Propertius and famous not only for her talent but also for her bad temper. Her poems have not survived, nevertheless I have attempted to translate them into Russian.)

I *To a Serving Girl*

Give me crimson ointment –
To calm the fever on my lips,
Warm my bed and give me
Hellebore in mulled wine.

Torrents of rain since morning –
With icy whips
Rome is lashed like a slave
Caught redhanded in theft.

The parrot shrieks in its cage –
The cursed thing won't stop talking!
Our countryside is frozen under a damp blanket,
Out there, however – far in the Pyrenees –

The legions are marching against the Germanii
Through ravines – they're like a little finger
That trembles long in the death agony
After the body itself has already grown cold.

No one of a more changeable nature than mine
Has ever been born in Rome –
Now, wherever my glance falls,
Everything irritates me –

The parrot keeps on squawking,
Pitiful present of a pitiful man,
Strangle it quickly, slave girl.
The little green body will afterwards swim in tears,
I will heap curses on you, but strangle it straight away now.

Gutters are howling, today nobody –
Neither thief nor lover will venture out of doors,
In vain the tavern opposite
Does not quench its turbid fires.

II *К отцу*

Снова сунулся отец с поученьем:
– Надо жить, мол, не так, а этак.
– Хорошо, – говорю ему, – папа,
Больше этого не будет, папаша.

Смотрю я, кроткая, на голову седую,
На руки скрюченные, слишком красный рот.
Говорю я рабам: 'Немедля
Киньте дурака в бассейн.'

Волокут его по мраморному полу.
Он цепляется, а не за что цепляться,
Кровь течет по лицу и слезы:
'Доченька, – кричит, – прости, помилуй!'

'Нет, некормленным муренам на съеденье
Ты пойдешь, развратник и ханжа.'
Или представлю – как лев в цирке
Дожевывает его печень.

– Ладно, ладно, – говорю, – я исправлюсь. –
Ах ты, бедный мой, старый папа.
Когда тигр вылизал даже пар от крови,
Мне стало его чуточку жалко.

В уме казню его по-разному – тыщу
Раз и еще раз – тыщу,
Чтоб однажды и в самом деле –
Молоток подняв – по виску его стукнуть.

II *To Father*

Father butts in again with admonitions:
'You shouldn't be living this way,' he says, 'but that.'
'Very well, daddy,' I say to him,
'I won't do it again, daddikins.'

Meek and mild I look at his grey beard,
His clawlike hands, his red red mouth.
I tell the slaves: 'This very moment
Hurl the halfwit into the fish pool.'

He is dragged across the marble floor,
He tries to cling, there's nothing for him to cling to,
Blood flows down his face and with it tears:
'My own little daughter,' he cries, 'forgive me, please!'

'No! the unfed moray eels shall tear you,
Lecherous bigot, mealymouthed prude.'
Or I picture to myself – a lion
At the circus gobbling up his liver.

'All right,' I say, 'all right – I'll change my ways.
Oh you poor thing, my dear old daddy.'
When a tiger had licked away even the scent of blood
I began to be just a little bit sorry for him.

In spirit I execute him variously – a thousand ways
And yet another thousand ways –
In the end, however, in actual fact,
The hammer raised – I never strike his temple.

III *К служанке*

Как посмела ты, подлая, как посмела!
Тебя мало сослать в деревню,
Выдать замуж за кельтибера,
Что мочою себе зубы чистит,
Иль – под цвет души – за абиссинца.
О, наглая! Катулла я твердила,
Бродя по дому тихо, – и светильник,
В углу стоявший, тень мою длинил, –
Она вбежала, топая, из кухни,
Таща макрель на золоченом блюде,
И наступила прямо мне на тень –
На голову, а после на предплечье!
А тень моя ее дубленой кожи –
Ведь знает же! – болимей и нежней.
Когда б тебя на той же сковородке
Зажарить с благородною макрелью –
И то тебе бы не было так больно,
Как мне – когда ты к полу придавила
Своей ножищей – тень от завитка.

IV *К Купидону*

Боль всегда с тобой, сосунок крылатый.
Хоть и разлюбишь – проститься больно.
У тебя в колчане – стрел всегда вдоволь, –
Так зачем, жадный,
В горло упершись,
Стрелку рвешь так сильно
Из засохшей ранки?
Или мстишь, что больше
Мне не хозяин?
Лучше уж запусти другую,
Не тяни эту, не рви, не трогай –
Запеклась кровь уж.
Так лети себе, не жадничай, мальчик.

III *To a Serving Girl*

How could you dare, slattern, how could you dare!
Too mild a punishment, exile to the country
Married off to an Iberian Celt
Who cleans his teeth with his own urine,
Or, as your soul's shade, to an Ethiop.
O you hussy! I was reciting Catullus,
Softly wandering through the house – and the lantern
Standing in the corner lengthened my shadow –
She came stamping in out of the kitchen
Heaving some mackerel on a gilded salver
And stepped directly onto my very shadow –
Onto my head, and then onto my forearm!
And my shadow is more bruisable and tender –
Well she knows it! – than her padded hide is.
If they were to fry you in a skillet,
In the same one as the noble mackerel,
Even that would be less painful to you
Than it was to me – when your foot trampled
Into the floor – the shadow of my ringlets.

IV *To Cupid*

Pain comes always with you, winged suckling.
Though love has ended – parting is painful.
Always in your quiver – you have abundant arrows –
So why then, grasper,
Leaning on my throat
Do you so violently tear the arrow
From the dry wound?
Or is it revenge that you no longer
Are my master?
Better let fly another,
Don't tug this, don't tear it out, don't touch –
The blood has already congealed.
So fly away, don't be grasping, little boy.

V К молодому поэту

Чего ты, Септим, пристал к Музе?
Зря гнусавишь, зря ручонками машешь,
Такт отбивая. Надоел ты смертно
Каллиопе, Эвтерпе, а Эрато
И куда бежать от тебя не знает.
Не дергай Музу за подол больше.
Не то – смотри – на площади людной
Вселится в тебя громовой голос
И не захочешь, а скажешь при людях:
'Таким, как я, – хозяевам счастливым
Мордашек гладких, наглых,
Каких стадами на Форум водит
День римский длинный.
С мозгами птичьими и языком длинным, –
Лишь к смертным женам вожделеть можно.
Раз сдернул я туфлю с Музы,
Раз оцарапал я ей лодыжку.
Чтоб гнев богини мимо пронесся –
Поскорей спрячьте от меня подальше,
Люди добрые, таблички и грифель.'

V *To a Young Poet*

Why do you, Septimus, importune the Muse?
In vain you intone, in vain you belabour the air
Beating the rhythm. You have inflicted mortal
Boredom on Calliope and Euterpe,
And Erato does not know where to evade you.
No longer tug the Muses by the hem.
Rather – take heed – upon the crowded square
A thunderous voice inside you shall burst forth
And against your will you shall proclaim:
'Such as I – contented occupants
Of shaved and brazen physiognomies
That are brought out in herds onto the Forum
By the long Roman daytime,
We, birdbrained and longtongued,
May lust but after mortal women only.
Once I snatched a sandal from the Muse,
Once I scratched her ankle.
That the anger of the goddess may pass me by –
Quickly conceal from me as well as you are able,
Good people, tablets and stylus.'

VI *К Клавдии*

Клавдия, ты не поверишь – влюбился в меня гладиатор,
Третий сезон поражений он в цирке не знает,
Мне уже сорок, а он – молод еще и красив,
Он – целомудренный, честный, смуглый, огромный,
        печальный,
Слон Ганнибалов носил меньше шрамов, чем он.
В цирке всегда, говорят, ищет меня он глазами,
Но не найдет никогда – я ведь туда не хожу.
Сумерки только падут – в двери мои он стучится,
Вечер сидит, опираясь на остроблещущий меч.
Тяжко, с усилием дышит он через рот и глядит
Страстно и жалобно вместе...
Любовник мой до слез над ним хохочет.
Конечно, не в лицо, – ведь он, ты знаешь, трус,
Пороки все в себе соединяет,
Чуть гладиатора видит, прыгает прямо в окно.
'Страсть, – говорит гладиатор, – мешает сражаться,
Если так дальше пойдет, в Галлию я не вернусь,
Я побеждаю и так уж без прежнего блеска,
Кто-нибудь бойкий прирежет вот-вот.'
Что он находит во мне? Хладно смотрю на него,
На глаз оленьих блеск и мощных темных рук.
Что делать, Клавдия, Амур причудлив, –
Люблю, несчастная, я лысого урода,
Что прячется, как жалкий раб, за дверью,
Чтобы кричать потом: 'Гони убийцу вон!'
Но, подлой, жалко мне его прогнать,
Когда еще такой полюбит молодец,
А старости вот-вот они – туманы.
Как сытый волк и на зиму овца.
Я муки длю его, а если, зачахнув от любви,
Падет он на арене, – как жить тогда мне, Клавдия, скажи?

VI *To Claudia*

Claudia, you won't believe this – a gladiator has fallen in love
      with me,
In the circus three seasons he has remained undefeated,
I am forty already, and he is still youthful and handsome –
He is chaste, honest, darkskinned, enormous and sad,
A Hannibal's elephant bears fewer scars than he does.
At the circus, he says, he constantly watches for me
But never discovers me there – for I do not frequent it.
No sooner does dusk fall – at twilight he knocks on my door,
Sits out the evening propped on his sharp-glinting sword.
His breathing is heavy and strained through his mouth and his
      glances
Are passionate and piteous alike...
My lover laughs himself to tears about him.
Not, of course, to his face – for he, as you know, is a coward.
All the vices are united in him.
Glimpsing the gladiator he leaps straight out of the window.
'Passion – says the gladiator – is hindering me in combat,
If this should continue, I will not return to Gaul,
As it is my triumphs now lack their previous panache,
In no time some nimble upstart will slit my throat.'
What can he see in me? I cast cold glances upon him,
The deer-like gleam of his eyes, the swarthy and powerful arms.
What can I do, Claudia, Cupid is wayward –
Unfortunate that I am I love the bald monster
Who like a pitiful slave huddles behind the door
In order to cry out afterwards: 'Chase that killer away!'
Meanspirited, I would be sorry to throw him out,
When will another such hero love me again,
And how soon they turn into old fogeys.
The sated wolf still needs a sheep for the winter.
I defer his anguish, but if, by his love exhausted,
He should fall in the ring – how should I then live, Claudia, tell me?

VII *К подруге*

Как я вам завидую, вакханки!
Вы легко несетесь по нагорьям,
Глаз белки дробят Луны сиянье,
Кобылицами несетесь вы степными.
Как-то раз – в сторонке я стояла,
Привела меня подружка, мы смотрели –
Вдруг она, не выдержав, забилась
Тоже в пьяной пляске и рванулась
Вслед за вами, про меня забывши.
Я смотрела – ваши рты кривились
И съезжали набок ваши лица,
Будто бы с плохих актеров маски.
Вы быка живого растерзали
И, давясь, его сжирали мясо,
И горячей кровью обливались.
Разум выплеснули, как рабыня
Выливает амфору с размаха.
И на вас в сторонке я глядела.
А домой пришла – смотрю – все руки
Расцарапаны, в крови до локтя…
Вот удел твой, Кифия, несчастный –
На себя ты страсть обрушить можешь,
На себя одну, и ни страстинке
Улететь вовне не дашь и малой.
За быком не побежишь нагая…

VII *To a Friend*

How I envy you, Bacchantes!
Lightly you cavort across the uplands,
The white of your eyes fragments the gleam of moonlight,
Like Mongol mares you canter.
Once I happened to be standing near you,
A friend had brought me, we were only watching –
Suddenly she surrendered, threw herself
Into a drunken dance and broke away
Hard in pursuit of you, forgetting me.
I looked on – your mouths were all contorted
And your faces twisted sideways
Like the masks of mediocre actors.
You tore apart a living bull
And falling on it, you devoured the flesh
And doused your bodies in its burning blood,
Swilling away all reason as a slave girl
In one gush might empty an amphora.
And from nearby I watched you.
Then I came home – and saw – my arms were scratched,
Bleeding all over, to the very elbows...
Such is your lot, unhappy Cynthia –
Upon yourself you may unleash your passions,
Upon yourself alone, and not the tiniest
Trace of passion will you allow yourself to show.
You will not pursue a bull, stark naked...

VIII *К провинциалке*

Может, ты не знала, абдерянка, –
Кинфию обидеть очень страшно:
Кинфия такие знает травы,
Чары есть у Кинфии такие…
Что спадешь с лица ты, почернеешь,
Будешь ты икать и днем и ночью.
Повар-грек твой будет в суп сморкаться,
Потому что порчу наведу я,
И залечит тебя твой хваленый
Врач-египтянин.

Даже пьяный негр, матрос просоленный,
В долгой по любви стосковавшийся дороге,
Даже он в постель к тебе не ляжет.
Так что лучше ты, абдерянка,
Кинфию забудь, оставь в покое.
Впрочем, пальцем я б не шевельнула,
Если сделаешь мне что дурное, –
Все равно Юпитер, знай, накажет.
Кинфию обидеть – очень страшно.

VIII *To a Provincial Girl*

Possibly, girl from Abdera, you were ignorant –
It is dreadful to offend Cynthia:
Cynthia has knowledge of such herbs,
Such sorcery there is at Cynthia's command...
You would grow haggard and your skin turn black,
Suffer from the hiccups day and night.
Your Grecian cook would blow his nose into the soup,
Because of the spell I cast you would be tortured
By the remedies of your much-vaunted
Egyptian doctor.

Even a drunken negro, a seasoned sea-dog,
Starved for love after long voyaging,
Even he'd refuse to lie with you.
It would be better for you, girl from Abdera,
To forget Cynthia, to leave her in peace.
Yet I would not lift a finger
If you were to do me some bad turn –
Know that Jupiter will punish you all the same.
It is dreadful to offend Cynthia.

Невидимый охотник

Может быть – к счастью или позору –
Вся моя ценность только в узоре
Родинок, кожу мою испещривших,–
В темных созвездьях, небо забывших.
Вся она – карточка северной ночи:
Лебедь, Орел, Андромеда, Возничий,
Гвоздья и гроздья и многоточья…
Ах – страшны мне эти отличья!
Нет – не дар, не душа, не голос, –
Кожа – вот что во мне оказалось ценнее.
И невидимый меткий охотник,
Может, крадется уже за нею.
(Бывают такие черепахи
И киты такие бывают –
Буквы у них на спине и знаки,
Для курьезу их убивают.)
Не на чем было, быть может, флейтисту,
Духу горнему, записать музы́ку.
Вот он проснулся средь вечной ночи,
Первый схватил во тьме белый комочек
И нацарапал ноты, натыкал
На коже нерожденной, бумажно-снежной…
Может, ищет – найдет и срежет.
Знают ли соболь, и норка, и белка,
Сколько долларов стоит их шкурка?
Сгниет ли мозг и улетит душа…
Но кожу – нет – и червь не съест,
И там – мою распластанную шкурку
Глядишь, и сберегут как палимпсест
Или как фото неба-младенца.
Куда же мне спрятаться, смыться бы, деться?
Чую дыханье, меткие взоры…
Ах, эти проклятые на гибель узоры.

The Invisible Hunter

Perhaps – to my good fortune or my shame –
My sole worth is nothing but designs
Of birthmarks peppering my skin,
Dark constellations that have forgotten the sky.
The whole thing is a snapshot of the northern night –
Auriga, Aquila, Andromeda, Cygnus,
Spikes and speckles and swarms of dots...
Ah, I dread the way they single me out!
No, it's not my gift, my soul, my voice –
My skin is my most precious attribute,
And a keen-eyed, invisible hunter
May already be on its track.
(Certain whales exist
And there are tortoises
With letters and signs across their backs,
They are slaughtered as curios.)
Perhaps a flautist, a celestial spirit
Had nowhere to write his music
When he woke in eternal night
And in the darkness seized the first white scrap
And scratched his notes into it, jabbed
Snowy, unborn, paper-pale skin...
Perhaps he's searching, will find it, slice it up.
Do sable, mink or squirrel guess
How many dollars their fur can fetch?
Though brain will rot and soul fly off,
But skin – no! – that won't give the worms a feast.
For behold, my pegged-out pelt
Will be preserved as a palimpsest
Or a photo of the infant heavens.
Where can I hide, where can I run to, what can I do?
I sense keen eyes, hot breath...
Ah, those designs are marked for death.

Элегия на рентгеновский снимок моего черепа

Флейтист хвастлив, а Бог неистов –
Он с Марсия живого кожу снял, –
И такова судьба земных флейтистов,
И каждому, ревнуя, скажет в срок:
'Ты меду музыки лизнул, но весь ты в тине,
Все тот же грязи ты комок,
И смерти косточка в тебе посередине.'
Был богом света Аполлон,
Но помрачился –
Когда ты, Марсий, вкруг руки
Его от боли вился.
И вот теперь он бог мерцанья,
Но вечны и твои стенанья.

И мой Бог, помрачась,
Мне подсунул тот снимок,
Где мой череп, светясь,
Выбыв из невидимок,
Плыл, затмив вечер ранний,
Обнажившийся сад,
Был он – плотно-туманный –
Жидкой тьмою объят,
В нем сплеталися тени и облака –
И моя задрожала рука.
Этот череп был мой,
Но меня он не знал,
Он подробной отделкой
Похож на турецкий кинжал –
Он хорошей работы,
И чист он и тверд,
Но оскаленный этот
Живой еще рот…

Кость! ты долго желтела,
Тяжелела, как грех,
Ты старела и зрела, как грецкий орех, –
Для смерти подарок.
Обнаглела во мне эта желтая кость,
Запахнула кожу, как полсть,

Elegy on an X-ray Photo of my Skull

The flautist boasts but God's enraged –
He stripped the living skin from Marsyas –
Such is the destiny of earthly flautists:
Grown jealous, He will say to each in turn: –
'You've licked the honey of music but you're just muck,
You're still a lump of that same dirt
And lodged inside you is the stone of death.'
Apollo was the god of light
But he grew dark
When round his hands, you Marsyas,
Twisted in pain.
And now he is a god of glimmer,
But eternal also are your groans.

And my God, growing dark,
Slipped me this photograph
In which my glowing skull,
Etched from the invisible,
Swam, blocking out the dusk
And the stripped naked park –
It was a mass of fog
Embraced in liquid dark.
In it shadow and cloud were blended
And my hand began to tremble.
This skull was my own
But it didn't know me,
Its intricate pattern
Like a damascene dagger
Is skilfully crafted,
How pure and how strong.
But the mouth is bared,
Still alive its grin.

Bone, you yellowed a long time,
Grew as heavy as sin,
Like a walnut you aged and you ripened,
A present for death.
Grown brazen inside me, this yellow bone
Has lapped itself in a sleigh-rug of skin

Понеслася и правит мной,
Тормозя у глазных арок.
Вот стою перед Богом в тоске
И свой череп держу я в дрожащей руке –
Боже, что мне с ним делать?
В глазницы ли плюнуть?
Вино ли налить?
Или снова на шею надеть и носить?
И кидаю его – это легкое с виду ядро,
Он летит, грохоча, среди звезд, как ведро.
Но вернулся он снова и, на шею взлетев, напомнил мне для
        утешенья:
Давно, в гостях – на столике стоял его собрат, для украшенья,
И смертожизнь он вел засохшего растенья,
Подобьем храма иль фиала.
Там было много выпито, но не хватало.
И некто тот череп взял и обносить гостей им стал,
Чтобы собрать на белую бутылку,
Монеты сыпались, звеня, по темному затылку,
А я его тотчас же отняла,
Поставила на место – успокойся,
И он котенком о ладонь мою потерся.
За это мне наградой будет то,
Что череп мой не осквернит никто –
Ни червь туда не влезет, ни новый Гамлет в руки не возьмет.
Когда наступит мой конец – с огнем пойду я под венец.
Но странно мне другое – это
Что я в себе не чувствую скелета,
Ни черепа, ни мяса, ни костей,
Скорее же – воронкой после взрыва,
Иль памятью потерянных вестей,
Туманностью или туманом,
Иль духом, новой жизнью пьяным.

Но ты мне будешь помещенье,
Когда засвищут Воскресенье.
Ты – духа моего пупок,
Лети скорее на Восток.
Вокруг тебя я пыльным облаком
Взметнусь, кружась, твердея в Слово,
Но жаль – что старым нежным творогом
Тебя уж не наполнят снова.

And taking my reins sped off headlong
But come to a halt at my brow.
In anguish here before my God I stand
Holding my skull in a trembling hand –
O Lord, what shall I do with it?
Spit in its eyesockets?
Fill it up with wine?
Or put it on my neck and wear it once again?
So I hurl it aside – this light-looking shell
And it flies off thundering among the stars like a pail.
But it returned and landing on my neck, reminded me in consolation:
Way back at someone's house, its fellow stood as a table decoration
And led the deathlife of a dehydrated plant
As if it were a temple or a chalice.
There was a lot to drink but not enough –
And someone took this skull and began to pass it round
To collect the money for a vodka bottle.
Small change was scattered clinking on the dark occiput
But straightaway I confiscated it,
Put it back where it belonged – calm down –
And like a kitten it rubbed against my palm.
For this I shall be granted as reward
That nobody will desecrate my skull –
No worm will crawl inside, no new Hamlet take it in his hands.
When my end comes – I shall walk up the aisle in flames.
But something else strikes me as weird,
That I can't sense my skeleton inside –
Neither skull nor flesh nor bones –
More like a crater after the explosion
Or a memory of missing news,
Mistiness or mist
Or a spirit drunk on its new life.

But you will be my lodgings when
They start to pipe the Resurrection.
You, my spirit's navel, fly
Sooner to the East. And I
All around you as a dusty cloud
Erupting, swirling, setting as the Word.
But what a shame you won't be filled again
With all that soft old curd.

Плаванье

Я, Игнаций, Джозеф, Крыся и Маня
В теплой рассохшейся лодке в слепительном плыли тумане.
Если Висла – залив, то по ней мы, наверно, и плыли,
Были наги-не наги в клубах розовой пыли.
Видны друг другу едва, как мухи в граненом стакане,
Как виноградные косточки под виноградною кожей –
Тело внутрь ушло, а души, как озими всхожи,
Были снаружи и спальным прозрачным мешком укрыли.
Куда же так медленно мы – как будто не плыли – а плыли?
Долго глядели мы все на скользившее мелкое дно.
– Джозеф, на лбу у тебя родимое что-ли пятно?
Он мне ответил, и стало в глазах темно:
– Был я сторожем в церкви святой Флориана,
А на лбу у меня смертельная рана,
Выстрелил кто-то, наверное, спьяну.
Видишь – Крыся мерцает в шелке – синем, лиловом?
Она сгорела вчера дома под Ченстоховом
Nie ma juz ciala, a boli mnie glowa.[1]
Вся она темная, теплая, как подгоревший каштан.
Was hat man dir, du armes Kind, getan?[2]
Что он сказал про меня – не то, чтобы было ужасно,
Только не помню я, что – понять я старалась напрасно –
Не царапнув сознанья, его ослепило,
Обезглазило – что же со мною там было?
Что бы там ни было – нет, не со мною то было.
Скрывшись привычно в подобии клетки,
Три канарейки – кузины и однолетки –
Отблеском пения тешились. Подстрелена метко,
Сгорбилась рядом со мной одноглазая белка.
Речка сияла, и было в ней плытко так, мелко.
Ах, возьму я сейчас канареек и белку,
Вброд перейду – что же вы, Джозеф и Крыся?
Берег – вон он – еще за туманом не скрылся.
– Кажется только вода неподвижным свеченьем,
Страшно, как током, ударит теченье,
Тянет оно – в одном направленье,
И ты не думай о возвращенье.

Voyage

Ignatius, Joseph, Chrissy, May and I
Drifted in a warm heat-cracked boat through a dazzling mist.
If the Vistula were our Gulf, we were probably drifting across it.
We were naked but hidden in cloudpuffs of rosy pink motes
Hardly visible one to another, like flies in a cut-glass jug,
Like a grape's pips under the skin of the grape.
Body had sunk inside, but souls, like sprouting winter crops,
Were outside blanketting us in transparent sleeping-bags.
Where were we going so slowly – as if we weren't drifting, yet
      drifting?
We all of us gazed a long time at the slide of the shallow sea-floor.
'Joseph, is that mark a birthmark on your forehead?'
He answered me and everything went dark before my eyes.
'I was the warden at St Florian's church
And on my forehead here, this is a fatal wound.
Somebody shot me, probably they were drunk.
Look, Chrissy's shimmering in lilac-bluish silk,
Fire consumed her yesterday at her home near Czestochowa.'
'Nie ma juz ciala, a boli mnie glowa. [1]
Like an over-roasted chestnut she is all dark and warm.
'Was hat man dir, du armes Kind, getan?' [2]
What he told me about myself – it wasn't that it was awful –
I just don't remember what – I tried in vain to grasp –
Not grazing consciousness – it had been somehow blinded,
Deoculated – what was happening to me there?
Whatever it was – no, it wasn't happening to me.
Hiding as usual in a cage's image,
Three canaries – cousins and coevals –
Sported in the sheen of song. Shot clean,
Next to me a one-eyed squirrel crouched.
The stream was shining and it was so languish and so shallow.
Oh, I'll take squirrel and canaries now
And wade across – what of you, Joseph, Chrissy?
The shore is over there – it's not yet hidden in mist.
'Only the water bright with static illumination
Seems awful like high-tension – current will shock,
Will drag away in one direction
And don't even dream of getting back.

Белкина шкурка в растворе дубеет,
В урне твой пепел сохнет и млеет.
Что там… А здесь – солнышко греет.
– Ну а те, кого я любила,
Их – не увижу уж никогда?
– Что ты! Увидишь. И их с приливом
К нам сюда принесет вода.
And it for ever,[3] то…
muzyka brzmi[4] – из Штрауса обрывки.
Вода сгустилась вся и превратилась в сливки!
Но их не пьет никто. Ах. если бы Ты мог
Вернуть горячий прежний гранатовый наш сок,
Который так долго кружился, который – всхлип, щелк –
Из сердца и в сердце – подкожный святой уголек.
Красная нитка строчила, сшивала творенье Твое!
О замысел один кровобращенья –
Прекрасен ты, как ангел мщенья.
Сколько лодок, сколько утлых кружится вокруг,
И в одной тебя я вижу, утонувший старый друг.
И котенок мой убитый на плечо мне прыгнул вдруг,
Лапкой белой гладит щеку –
Вместе алыть не так далеко.
Будто скрипнули двери –
Весел в уключинах взлет,
Темную душу измерить
Спустился ангел, как лот…

1. Уже нету тела, а голова болит (польск.).
2. Что сделали с тобою, бедное дитя? (Гете).
3. И если навсегда (Байрон).
4. Музыка гремит (польск.).

The squirrel's hide is being soaked in tannin,
Your ashes dry delighting in their urn.
What's over there? But here sweet sunlight warms.'
'What about people that I've loved,
Will I never see them any more?'
'Don't worry! You'll be seeing them. With the tide
The water will carry them towards us here.'
'And if forever',[3] then...
'Muzyka brzmi'[4] extracts out of Strauss.
The water has thickened all over and turned to cream!
But no one drinks it. Oh, if you could just
Bring back our previous hot pomegranate juice
That circled round so long, that clacked and sobbed –
From the heart, to the heart, sacred subcutaneous coal,
Scarlet thread that stitched and sewed up Your creation!
O you, mere concept of blood circulation,
Are beautiful like an avenging angel.
How many boats, how many fragile boats are circling round,
In one of them I catch a glimpse of you, my old drowned friend,
And my killed kitten suddenly
Leapt up onto my shoulder
Stroking my neck with his white paw.
Together we haven't got too far to float.
Like a creaking of doors
The wingbeat of rowlocks is glad,
To plumb the murky soul
An angel will drop like lead...

1. I no longer have a body, but my head aches. (Polish)
2. What have they done to you, poor child? (Goethe)
3. 'And if forever...' (Byron)
4. Music thunders. (Polish)

75

Я родилась с ладонью гладкой

Судьба плетет помельче сети,
Чтоб в них позастревали дети,
Но я...я вырвусь из сетей.

Я родилась с ладонью гладкой,
С ладонью ровной манекена –
Цыганка мне не нагадает
Казенный дом или измену.
Не нагадает мне любви,
Не напророчит мне разлуки –
В высоких складах синевы
Мне не хватило бечевы,
Когда ее вживляли в руки.
Ладоней мне не разрезали
И звезд на них не начертали,
Не рисовали линий в них,
Нет для меня любви и смерти,
И встреч нежданных роковых.
Ко мне ночами прилетает
Мой фатум с тяжкою сумой,
Набитой до краев нетраченной судьбой,
Царапает бессильно мне ладони
И, подвывая, в свете синем тонет
Мой рок невидимый, голодный, мой чужой.

'I was born with an unlined palm'

Fate spins nets with the smallest holes,
so children catch their feet and fall,
but I break the nets, burst free.

I was born with an unlined palm,
a palm smooth as a waxwork's
no gypsy will tell my fortune
whether riches or treachery;
she will not predict true love
or prophesy separation;
the sheds where blue pigment is heaped
had none to make rope
when they stitched up my hands,
no knife-cuts marked my palm
no stars were mapped on it,
and no lines drawn;
not for me love and death,
or sudden ominous meetings.
Fate visits me at night
bent by a heavy sack
crammed with hoarded events
and weakly scratches my palm;
my future, unseen yet voracious,
spins and drowns in blue light.

[CK]

Элегии на стороны света

1 Северная   *М.Ш.*

По извивам Москвы, по завертьям ее безнадежным
Чья-то тень пролетела в отчаянии нежном.
Изумрудную утку в пруду целовала,
Заскарузлые листья к зрачкам прижимала,
От трамвая-быка, хохоча, ускользала
И трамвайною искрой себя согревала.

Зазывали в кино ночью – 'Бергмана ленты!',
А крутили из жизни твоей же моменты
По сто раз. Кто же знал, что ночами кино арендует ад?
Что, привязаны к стульям, покойники в зале сидят,
Запрокинувши головы смотрят назад?
Что сюда их приводят, как в баню солдат?
Телеграмма Шарлотте: 'Жду. Люблю. Твой Марат.'

Скинула семь шкур, восемь душ, все одежды,
А девятую душу в груди отыскала –
Она кротким кротом в руке трепетала,
И, как бабе с метлой, голубой и подснежной,
Я ей глаза проткнула, и она умирала.

Посмотри – небосвод весь засыпан, и сыплются крылья и перья.
Их неделю не выместь, зарыться навеки теперь в них.
Посмотри – под луной пролетают Лев, Орел и Телец,
А ты спишь, ты лежишь среди тела змеиных колец.
Где же ангел? – ты спросишь, а я ведь тебе и отвечу:
Там, где мрак, – там сиянье, весь мир изувечен.
Мраком ангел повился, как цепким растеньем,
Правь на черную точку, на мрак запустенья.
Прав на темень, на тьму, на утесы, на смутное – в яму.
В прятки ангел играет – да вот он! – в земле, под ногами.
Он не червь. Не ищи его в поле ты роясь.
Видишь – светлые птицы к зиме пролетают на полюс?

Посмотрела она, застонала,
И всю ночь, о зубцы запинаясь, летала.
И закапала кровью больницы, бульвары, заводы…
Ничего! Твоя смерть – это ангела светлого роды.

78

Elegies on the Cardinal Points

I *North*   *for M. Sh.*

Down the winding lanes of Moscow, down its hopeless convolutions
Someone's shadow flew past in sweet desperation.
On a pool she kissed an emerald duck,
Pressed some crusted leaves against her eyeballs,
Shrieking with laughter dodged a tramcar-bull
And warmed herself up on a tramwire spark.

At night – come to the picture show, they pleaded,
'Bergman films!' Moments from your life repeated
Hundreds of times. Who knew that nightly cinemas are hired by hell?
That strapped into their seats the dead sit in the hall
Gazing with tilted heads into the past?
Escorted there like soldiers to the baths?
'Waiting. Love. Your Marat.' – for Charlotte, a telegram.

I've cast off seven skins, eight souls, all my clothes,
And in my breast I've tracked a ninth soul down,
A gentle mole, it trembled in my hand,
Pale-blue iceborn snow-wife with a broomstick,
I poked two little eyes in and she died.

Look – the vault of heaven's bestrewn and snowing wings and
          feathers,
No sweeping them up in a week, stay buried in them forever.
Look – under the moon fly Lion and Eagle and Bull,
And you sleep, you lie back in your body's serpentine coils.
Where's the angel? – you ask, and I will most surely respond:
Where there's gloom – there's a radiance, all the world is maimed,
The angel twined in gloom like a tenacious plant.
Steer for black point, for desolation and gloom,
Steer for darkness, for dark, for the rocks, the muddle, the pit.
The angel plays hide-and-seek? – but he's there! – in earth-underfoot.
He's no worm. Don't try to dig for him in a field.
See – towards winter shining birds fly to the pole?

She gave a glance, began to groan
And stumbling on crenellations flew all night,
Her bloodspots dripping on hospitals, boulevards, mills...
Don't worry! Your death is the birth of an angel of light.

II *Южная*
На мраморную статуэтку

И.Бурихину

Девушка! Вы что-то обронили?
Ах, неважно. Это так – ступня.
Как перчатка узкая. И пылью
Голень поразвеялась, звеня.

И глядя на вас, я хватилась себя –
Нет старой любви, нет и этой зимы,
И будущей – только на мачте огонь
Горит синеватый. Да ревы из тьмы.
Да стаи ладоней кружат надо мной,
Как чайки, и память уносят, клюют.
И тьма костенеет, и скалы хрипят,
И ткань будто близко и яростно рвут.
И жизнь расползается в масляный круг –
А точкой болимой была. Обломки плывут.
Скажи мне, родимая, – я ли жила
На свете? В лазури скользила, плыла?
Изумрудную травку с гусыней щипала, рвала,
И мы с нею шептались – ла-ла да ла-ла?
В луже вечность лежала, и я из нее и пила.
Разлилась эта лужа, как море, где в волнах – ножи.
Они рубят и режут. О долгие проводы – жизнь!
А ведь Бог-то нас строил – алмазы
В костяные оправы вставлял,
А ведь Бог-то нас строил –
Как в снегу цикламены сажал.
И при этом он весь трепетал, и горел, и дрожал,
И так сделал, чтоб все – трепетало, дрожало, гудело,
Как огонь и как кровь – распадаясь, в темноты летело, –
Где сразу тебя разрывают на части,
Впиваются в плечи несытые пасти.
Вынь памяти соты – они не в твоей уже власти.
И только любовь, будто Лота жена, блестит,
Копьем в этой бездне глухой висит.
Где полюс Вселенной, скажи мне, алмазный магнит!
Где белый и льдистый, сияющий Тот,
К которому мчится отныне и Нансен и Пири и Скотт,
Чрез тьму погоняя упряжку голодных теней?

II *South*
On a marble statuette

For I. Burikhin

Young lady! Did you drop something?
Too bad, that's how it is. A foot
Narrow as a glove. And the calf
Has dispersed into resonant dust.

And when I looked at you I missed myself –
Old loves do not exist, nor does this winter
Or the next – but on the topmast fire
Burns bluely and there's howling from the darkness
And flocks of hands circle above my head
Like seagulls, pecking and bearing off memory,
And darkness ossifies and boulders snore
And nearby, furiously, it seems that cloth's being torn
And life seeps out into an oily blot –
That once was a point of anguish. Flotsam drifts.
Tell me, darling – was it me who lived
On earth? And floated, gliding through the azure?
With a goose, nipping and tearing out emerald grass,
She and me whispering together tra-la-la, tra-la-la?
Eternity lay in a pool, from it I took a drink,
This pool drained like a sea with knives in waves
That hack and slash. O lengthy farewells – life!
But surely God Himself constructed us – diamonds
Set within a frame of bone.
But surely God Himself constructed us –
Like the cyclamens he sowed in snow,
And doing so He trembled all over and burnt and shivered,
And saw that everything should tremble, shiver, whistle,
Shattering like fire and blood, and into darkness hurtle –
Where straightaway they'll rip you into shreds
Sinking unsated fangs into your shoulders,
Take out the honeycombs of memory – they're no longer in your
        power.
And only love like Lot's wife glistens,
A spear suspended in this dreadful chasm.
Where is the pole of the Universe, tell me, diamond magnet!
Where is He, radiant, icy, white,
Whom Nansen, Peary, Scott now speed towards
Driving through darkness a team of hungry shades?

Я тоже туда – где, заваленный льдинами, спит
Лиловый медведь – куда кажет алмазный магнит.
Горит в небесах ли эфирный огонь,
И глаз косяки пролетают на Юг.

Птицы – нательные крестики Бога!
Много вас рвется – и снова вас много.
Вы и проводите нас до порога
Синих темнот, где найдем мы упряжку и сани,
Где через вечную тундру дорога –
Там уж мы не собьемся и сами…

III *Восточная*   Е.Феоктистову

Встань! Не стыдно при всех-то спать?
Встань! Ведь скоро пора воскресать.
Крематорий – вот выбрала место для сна!
Встань! Поставлю я шкалик вина.
Господи! Отблеск в витрине – я это и есть?
В этом маковом зернышке воплотилась я здесь?
Что ж! Пойду погляжу цикламены в трескучем снегу,
И туда под стекло – пташкой я проскользну, убегу.
Да и всякий есть пташка на ветке поюща,
И никто ее слушать не хочет, а он разливается пуще.
Золотым опереньем укроюсь погуще.
Погадай, погадай на кофейной мне гуще.
Потому что похожа на этот сдохший напиток,
Потому что я чувствую силу для будущих пыток.
Боже, чувствую – на страну я похожа Корею,
Наступи на меня, и я пятку тебе согрею.
Боже, выклюй зерно из меня поскорее.
Солью слез Твоих буду и ими опьюсь.
Всяк есть пташка поюща – так хоть на него полюбуйся.
И сквозь снег, продышав, прорастает горячий цветок.
Позвоночники строем летят на Восток.
Форма ангела – ветер, он войдет незаметен.
Смерть твой контур объест, обведет его четко –
Это едкое зелье, это царская водка.
И лети же в лазури на всех парусах,
Форма ангела – ветер, он дует в висках.

I'm headed that way too – where buried in ice-blocks sleeps
The lilac bear, the way shown by the diamond magnet.
In the heavens ethereal fires blaze
And a flight of eyes wings to the South.

Birds – crosses worn by God against His skin!
Many of you are torn off and once again you are many,
You come with us up to the very brink
Of inky darkness, where we'll find teams and a sleigh,
Where through the eternal tundra there's a track,
And there we'll no more wander from our way...

III *East*   *For E. Feoktistov*

Get up! Shame on you, sleeping in common view.
Get up! the resurrection's shortly due.
A crematorium – fine place she's picked to sleep!
Get up! I'll have a wine-flask set.
Lord! that reflection in the window – is that me?
Am I now incarnated as that poppy-seed?
So what! I'll take a look at cyclamens in crunchy snow,
Creep under their glass like a little bird and scuttle away.
And everyone's a little bird carolling on a bough,
And nobody wants to listen, but it trills out all the louder.
I'll deck myself more lavishly in golden plumes,
Read, read my fortune in the coffee grounds.
Because I'm similar to that snuffed-out cordial,
Because I feel the strength to face some future torment.
O God, I feel – I'm like such countries as Korea,
Just try to step on me, I'll scorch your heels.
O God, just peck the grains off me as fast as possible.
I'll be salt of your tears and I'll drink myself sick.
Everyone's a carolling bird – just take a look.
Drawing breath through snow a burning flower sprouts.
Ranks of backbones fly towards the East.
Wind is the angel's form, it enters unnoticed.
Death gnaws your edges, etches out your borders,
That vitriolic brew, that aquafortis.
On crowded sails fly off into the blue,
Wind is the angel's form, it blows around your brow.

На Запад, на Запад тропою теней
Все с воем уносит – туда, где темней.
Обноски и кольца и лица – как шар в кегельбане,
Как в мусоропровод – и все растворяет в тумане.
Так что ж я такое? Я – хляби предвечной сосуд,
Во мне Средиземное море приливом, отливом мерцает.
Я уши заткну и услышу – что в ракушке шум,
И сохнут моря и сердца их.
А что остается на сохнущем быстро песке?
По пальцам тебе перечислю в тоске:
Моллюски, и вирши, и слизни, и локон.
Но вот уж песок, подымаясь, зачмокал.
Человеческий голос, возвышаясь, доходит до птичьего
          крика,до пенья.
Ах, вскричи будто чайка – и ты обретаешь смиренье.
Я и так уже тихая до отвращенья.
(Цветы от ужаса цвели, хотя стоял мороз.
Антихрист в небе шел – средь облаков и звезд,
Но вот спускаться стал и на глазах он рос.
Он шел в луче голубом и тонком,
За ним вертолеты летели, верные как болонки.
И народ на коленях стоял и крестился в потемках.
Он приблизился – вечный холод струился из глаз,
Деревянным, раскрашенныи и нерожденным казался.
Нет, не ты за нас распинался!
Но он мерно и четко склоненных голов касался.)
Все с воем уносит – и только святые приходят назад.
(Вот Ксения – видишь? – босая, в гвардейском мундире до пят.
Кирпич несет Ксения, и нимб изо льда полыхает над ней.)
Все ветер уносит на запад тропою теней.
Все стороны света надорвали пространство крестом.
Как в трещащем и рвущемся ты устоишь, на чем?
Лучше в небо давай упорхнем,
Туда – на закат, где бледна Персефона
С отчаянием смотрит на диск телефона.
Где тени и части их воют и страждут –
Граната зерном утолишь ты и голод и жажду.

Westward, westward along the shadow's track,
Everything's carried off howling – into the deepest black.
Old rags and rings and faces, like a ball down a bowling alley,
Like refuse down a chute – everything melts into mist.
And what am I? Vessel of pre-eternal abysses,
As it ebbs and it flows within me the Mediterranean shimmers.
I'll block my ears and hear – the sound inside a shell,
And seas and all their hearts run dry.
On the fast-drying sands what remnants linger?
I'll list it for you woefully on my fingers:
Molluscs and verses, slugs and a curl,
But rising sands began to smack their lips.
The human voice crescendoes, climaxing in a bird's shriek, in a
        singing,
Oh, squall like a seagull and you will obtain acquiescence.
I'm so subdued as it is it's simply disgusting.
(Flowers bloomed in horror although there was frost.
Antichrist walked across the sky in clouds and stars,
Now his descent begun, he grew before one's eyes.
He walked in a slender, sky-blue ray of light,
Behind him, faithful as lapdogs, helicopters in flight.
And the people kneeled and crossed themselves in the darkness.
He approached – eternal cold streamed out of his eyes,
Wooden he seemed and painted and still unborn.
No, *you* were never crucified for us!
But with a precise and rhythmic touch he laid hands on bowed
        heads.)
Everything's carried off howling and only the saints come back.
(There's Kseniya, barefoot – see? – Guards' greatcoat down to her
        heels,
Under a blazing halo of ice, Kseniya is carrying bricks.)
Wind carries off everything westward along the shadows' track.
Space ripped the cardinal points to form a cross.
How can you stand your ground among these tremors and crevasses?
Best, let's just flutter off into the sky
Towards the sunset where Persephone, pale
And in despair, stares at a telephone dial.
Where howl in yearning shades and parts of shades –
You will assuage both thirst and hunger with a pomegranate seed.

Орфей

На пути обратном
Стало страшно –
Сзади хрипело, свистело,
Хрюкало, кашляло.

ЭВРИДИКА: По сторонам не смотри – не смей,
               Край – дикий.

ОРФЕЙ: Не узнаю в этом шипе голос своей
           Эвридики.

ЭВРИДИКА: Знай, что пока я из тьмы не вышла –
               Хуже дракона.
               Прежней я стану – когда увижу
               Синь небосклона.
               Прежней я стану – когда задышит
               Грудь – с непривычки больно.
               Кажется, близко, кажется, слышно –
               Ветер и море.

Голос был задышливый, дикий,
Шелестела в воздухе борода.

ОРФЕЙ: Жутко мне – вдруг не тебя, Эвридика,
           К звездам выведу, а…

Он взял – обернулся, сомненьем томим, –
Змеища с мольбою в глазах
С бревно толщиною спешила за ним,
И он отскочил, объял его страх.
Из мерзкого брюха
Тянулись родимые тонкие руки
Со шрамом знакомым – к нему.
Он робко ногтей розоватых коснулся.
– Нет, сердце твое не узнало.
Меня ты не любишь, –
С улыбкою горькой змея прошептала.
– Не надо! Не надо!
И дымом растаяла в сумерках ада.

Orpheus

On the return
He took fright –
There was a wheezing and whistling behind him,
A grunting and coughing.

EURYDICE: Don't dare to glance aside,
        This is a savage place.

ORPHEUS: I cannot recognise this hissing as the voice
        Of my Eurydice.

EURYDICE: Bear in mind, until I leave the darkness
        I am worse than a dragon.
        I will not become my former self until I see
        The blue horizon.
        I will not become my former self until
        My lungs breathe in the painful air.
        I think we're close, I seem to sense
        The wind and the sea.

The voice was a savage gasping,
There was the rustling of a beard.

ORPHEUS: I am terrified, what if it isn't you, Eurydice,
        I am leading back into the starlight, but...

Plagued by his doubts, he stopped and turned –
A snake with pleading eyes,
Fat as a log, was bustling in his wake;
Terrorstruck, he leapt aside.
From its disgusting belly
Two beloved slender arms with their familiar scar
Stretched out towards him.
Hesitantly he touched the rosy nails.
'No, your heart was blind,
You do not love me,'
Whispered the snake with a bitter smile: –
'Please leave me! please leave me!' –
And melted like smoke in the shadows of hell.

В отставке

Идет гвардеец, как на битву.
Судьба дрожит, манит – иди.
Шагает он, твердя молитву,
И вот – мерцанье впереди.
Она! И третий глаз качнулся из рубина.
'Войди', ему сказала Катерина.

Чрез десять лет – в задушенной малиной
Усадьбе – он зовет себя скотиной,
И кроткую дубасит он жену,
И вопиет, что любит он одну.
Кричит он в ночь безглазую, тоскуя, –
Ту старую, ту мертвую такую,
И юного себя, и царственный живот,
И золотом ее струился пот,
Ее объятий медленную тину.
(Императрицу приобняв нагую,
Он ей признался – любит он другую.
И, побледнев, как новая перина,
'Женись', – ему сказала Катерина.
Была на свадьбе крашеней павлина).

Теперь казнись, язвись же, дурачина.
Зрачок сиял тяжелый, как держава,
И в униженье оживала слава,
И как страна, она внизу лежала –
Ее уж не скрывало одеяло.
Завивы вены, как изгиб реки,
Как рыбой полный серебристый Дон.
Урал пересекал ее ладонь,
Алмазные струились позвонки,

Торчали зубы острою короной.
Империя ли может быть влюбленной?
И можно ли обнять страну,
Обнявши женщину одну?
И если мысленно продолжить
Ее раздвинутые ноги
(О ты, завершие равнин!),
То под одной пятой – Варшава,
А под другою – Сахалин.

In Retirement

The guardsman marches on as if to war.
Fate, trembling, beckons – onward.
As he advances he recites a prayer,
Behold – a glimmering ahead.
She! A third eye flashed inside a ruby stone.
Catherine spoke to him: 'Come in.'

Ten years later, on a country estate
Choked with berries, he calls himself a beast,
Belabours his submissive wife
And bewails the only one he loves.
In the eyeless night he cries and grieves
For the old one, the woman dead and gone
And for himself when young, and the imperial
Belly that sweated gold, the gradual
Pondweed entanglement of her embrace.
(After he had hugged the naked empress,
He loved another woman, he confessed.
Catherine blanched as white as feather down,
'Get married then,' she said to him.
She came to the wedding, gaudier than a peacock's train.)

Now torture and torment yourself, old simpleton.
Her eye shone, heavy as the orb of state,
Through her abasement glory was restored,
She lay, like the country, underneath
No longer covered over with a sheet.
The twisting veins were like a river's bends,
Like the fish-filled silvery Don,
The Ural flowed across her palm,
Her vertebrae were streams of diamond,

Teeth jutted, like a sharp crown, in relief.
How can an Empire be in love?
And how can you embrace a nation
When you embrace one single woman?
And if your thought extrapolates
Her divaricated legs
(O they are the ridge across the plains!)
Beneath one heel you would find
Warsaw – beneath the other, Sakhalin.

Распродажа библиотеки историка

Вот тот, нагой, что там в углу сидит,
На нем чужой башмак с алмазной пряжкой, –
Он бледен, жалок, не был знаменит,
И жил он дома меньше, чем на Пряжке.

Это в веке чужом золотят стремена,
Так причудливо строят и крепко,
Но когда ты живешь – то в свои времена
И буденовка кажется кепкой.

Потому он ушел, он сошел по мосткам
Корешков – по хрустящим, оторванным вниз –
К фижмам, к пахнущим уксусом слабым вискам,
Где для яда – крапленый сервиз,

Где масоны выводят в ночи цыплят
Из вареных вкрутую яиц,
Но их шепот так слаб, так прозрачен наряд,
Так безглазо сияние лиц!

С волной паломников он шел другое лето –
Кто темные воды их пьет?
За желтой и сухой гвоздикой Назарета
Дитя босое в сумерках бредет.

Он повсюду – в полях и трактирах – искал
Полета отравленной шпаги,
Но бесплотное сердце клинок протыкал,
Только разум мутя и лишая отваги.

Лик человечества – не звук пустой,
Есть люди-уши, люди-ноздри, зубы.
В те дни он был небрит, весь в бороде густой,
Не то что в наши дни – тончал и шел на убыль.

Все души с прочернью, как лес весной,
Но вот придет, светясь, Франциск Ассизский, –
Чтоб мир прелестен стал, как одалиска,
Довольно и одной души, одной!

Sale of a Historian's Library

See the man sit in the corner there naked,
wearing a shoe that's not his, with a diamond buckle;
the man with a pinched pale face, who never knew fame
and lived in the Pryazhka madhouse more than at home.

Stirrups flash real gold in another time,
their buildings, though solid, are larded with fancy;
but when you have to live in your own century
a Budyonny cap means no more than a cloth one might.

And so he walked away, away and over the bridges
down the spines of books – crackling and adrift –
to mantuasoys, to cheekbones bottled in spirit
where poison is served in a crackle-glaze dish.

Where Freemasons incubate chickens at night
from eggs boiled so hard the yolks are like slate:
but their plumage is glassy, and they cheep faintly
and their faces shine with a headless light.

Into another year he went, with a wave of pilgrims,
but who will drink the waters that midnight flecked?
When evening falls the child goes barefoot,
picking the dry dun carnations of Nazareth.

And everywhere, in fields and taverns, he looked for
the extravagant sweep of a poisoned sword:
but the blade cut into a heart that was fleshless
till his courage was gone and his reason fogged.

Man's countenance means far more than a sounding cymbal:
some people resemble ears, or nostrils, or teeth:
time was when his unshaved beard grew thickly,
not balding and wispy, as in our days.

All souls have black in the white, like a wood in springtime,
but then St Francis comes scattering light:
a solitary soul is enough, one single,
for the world to glow with an odalisque's shine.

Но закрутилось колесо, срывая все одежды,
Повсюду – легионы двойников,
Их не найти нет никакой надежды,
Зарывшись в легионы дневников.

Идет острижена на плаху королева,
Но чтоб замкнулся этот круг –
Вперед затылком мчится дева
И смотрит пристально на юг.

Когда она подходит ближе,
Из–под корсета вынимая нож, –
Хоть плещешься в ботинке с красной жижей –
Марат – ты в этот миг на короля похож.

Повсюду центр мира – страшный луч
В моем мизинце и в зрачке Сократа,
В трамвае, на Луне, в разрыве мокрых туч
И в животе разорванном солдата.

Где в огненной розе поет Нерон
И перед зеркалом строит рожи,
Где в Луну Калигула так влюблен,
Что плачет и просит спуститься на ложе.

Где Клеопатра, ночной мотылек,
С россыпью звезд на крылах своих нежных.
Флот деревянный – магнит уволок,
Дикий, он тянет – что нежелезно.

Ах, он всех – он даже Петра любил,
Что Россию разрезал вдоль,
Черной икрой мужиков мостовые мостил,
Но душ не поймал их, вертких как моль.

Ах, не он ли и Павлу валерьянку носил,
Просил – не ссылай хоть полками, –
Но тот хрипел, и тень поносил,
И, как дитя, топотал ногами…

Он в комнате пустой – все унесли,
Его витраж разбили на осколки,
Пометы стерли, вынули иголку,
Что тень скрепляла с пестротой земли.

But the wheel span round, tore his clothing to fragments.
The legions of doubles are fighting on every flank;
yet they can't not be found, one is forced to trap them
by joining up in the manuscripts' ranks.

The crop-haired queen mounts the steps to the scaffold,
but the ends of the circle must be joined:
so the nape of a girl's neck shines in the distance
as she stands and fixes her gaze on the south.

Nearer and nearer she comes: from her corset
she draws out a knife, and closes in;
you look like a king for moment, Marat,
though your slipper is full of blood as you dance.

The centre of the world is forever
the glint on my finger, in Socrates' eye,
in a tram, on the moon, in clouds grey-knotted,
in the ruptured maw of a slaughtered private.

Where Nero sings in garlands of flame
and pulls a face for the looking-glass,
where Caligula so loves the moon
that, weeping, he calls her to come to his couch,

where Cleopatra's a moth in the night
with a dusting of stars on her fragile wings;
the wooden fleet has been snatched by a magnet
that pulls whatever is *not* made of iron.

O, but he loved them all – he even loved Peter,
who split Russia in two with his new-whetted knife:
and spread the dark jam of his serfs on the streets –
but their souls skipped away as he swatted, like flies.

Perhaps it was he who took Paul his valerian,
and pleaded his regiment should not be expelled,
but the Tsar only raged at his shade, began cursing,
shouting and stamping his feet like a child...

He stands in an empty room – they have cleared it,
even the glass of his window is smashed;
his notes are erased, they have taken the needle
that fastened his shade to the harlequin earth.

Но больше он любил в архивах находить,
Кого напрочь забыто имя, –
при свете ярком странно так скрестить
Свои глаза с смеженными, слепыми.

Но благодарными. А сам он знал,
Что уж его наверно не вспомянут.
У входа, впрочем, душ един клубится вал,
А имена – как жребии мы тянем.

What he loved still more was to find in the archives
a name that time had forgotten for good;
how strange it was to sit in the lamp-light
and look on the blind, gummy eyes of the dead,

but he knew they were grateful. There wasn't much chance
that he himself would survive the past;
a tide of souls eddies where we come in
and we draw our names from a hat, like straws.

[CK]

Любовь как третье

Когда ты мне сказал – 'тебя люблю',
Глаза расширились и вздрогнули черты.
Мы посмотрели друг на друга
Как изумленные коты,
Как два соперника.
Готовы когти к бою, вздыблен волос.
Посмотрим – когти чьи острее,
Противней голос.

Я за угол свернула и смотрела,
Склонивши шею, на тебя.
Нам, кажется, теперь судьба
Бродить одной и той же крышей,
И слушать – как любовь по лестнице крадется,
Мурлычет, громко дышит.
Но, воспаляя зелень глаз,
Смотреть не на нее, а в нас.

Love Eavesdrops

And then you said to me: I love you.
Eyes wide, twitching with shock
We stood and gave each other glares
Like rivals taken unawares
Or tomcats taking stock.
Claws out and fur on end,
We measure up – whose claws are sharper,
Whose voice harsher?

I turn the corner and glance back,
Neck arched, snatching another look.
So now, it seems, we will be forced
To share one roof as territory,
And hear love creeping up the stairs
Purring, though her breath's laboured,
But we must stoke our eyes' green fire
And gaze on each other, not at her.

[CK]

Джоконда

(на знаменитую кражу)

О маленький маляр, укравший Мону Лизу!
(А может быть, она его украла?)
Днем в сундучке спала, а в полночь
Развертывалась, целовала.
Она ли грубого любила маляра,
Звала издалека – приди, украдь!
И ночью выползала из угла,
А утром забиралась под кровать.
О человек, ужель ты согрешишь?
Ведь с ней нельзя ни есть, ни пить, ни спать,
Она шуршит в потемках, будто мышь,
С ней можно тенью холстяною стать,
Рисунком или краскою налиться
Взамен крови. Кто это в дверь стучится?
Кудрявый, крепкозубый как вампир,
Он – Леонардо – вами насладится.

Gioconda
(on a famous theft)

O little decorator who stole the Mona Lisa!
(Or could it have been that she stole him?)
By day she slept in a trunk, at midnight
She uncurled herself and kissed him.
Did she love the grubby decorator,
Call him from afar – come here and steal me!
Creep out of her corner in the night,
In the morning slip back beneath the bed.
O mortal, how can you commit a sin?
For you can neither eat nor drink nor sleep with her,
She rustles in the darkness like a mouse,
Like her you could become a canvas shadow
And sketches or paints instead of blood would pour
Into your veins. Who's knocking at your door?
With flowing locks and strong teeth like a vampire
Come to have his way with you – Leonardo.

Попугай в море

Вот после кораблекрушенья
Остался в клетке попугай.
Он на доске плывет – покуда
Не заиграет океан.

Перебирает он слова,
Как свои шелковые перья,
Упустит – и опять поймает,
Укусит и опять подбросит.

Поет он песню о мулатке
Иль крикнет вдруг изо всей мочи
На самом валу, на гребне,
Что бедный попка водки хочет.

И он глядит так горделиво
На эту зыбкую равнину.
Как сердце трогает надменность
Существ беспомощных и слабых.

Бормочет он, кивая:
Согласен, но, однако…
А, впрочем, вряд ли, разве,
Сугубо и к тому же…

На скользкой он доске
Сидит и припевает,
Бразилия, любовь
Зажаты в желтых лапах,

Косит он сонным глазом,
Чтоб море обмануть:
Год дэм!… В какой–то мере
И строго говоря…

А волны все темней и выше,
И к ночи океан суровей,
он голову упрячет в перья
И спит с доверчивостью детской.

A Parrot at Sea

After a ship had been wrecked
A parrot was left in a cage.
He floats on a plank – for as long
As the ocean pleases.

He picks away at words
Like his own silky plumage,
Lets them go – and seizes them again,
Pecks them and again throws them aside.

He sings a song of a mulatto woman
Or suddenly shrieks at the top of his voice
On the very crest of a roller,
Poor little polly wants a vodka.

And he casts such proud glances
Across that watery plateau.
How the arrogance of weak and helpless
Creatures touches the heart.

Nodding his head, he murmurs:
I agree, but even so...
On the other hand, hardly, surely,
Essentially and moreover...

On his slippery plank
He sits and sings along,
Brazil and love are clutched
In his yellow claws,

He squints a sleepy eye
In order to trick the sea:
Teufel!...To some extent
And strictly speaking...

But the waves grow darker and steeper
And at nightfall the ocean rages.
He tucks his head in his feathers
And sleeps, as trustful as a child.

И растворяет тьма глухая
И серый океан косматый
Комочек красно–золотистый,
Зеленый и голубоватый.

And the blind darkness and the grey
Dishevelled ocean dissolve
The tiny reddish-golden,
Green and light blue bundle.

Зверь—цветок

Предчувствие жизни до смерти живет.
Холодный огонь вдоль костей обожжет,
Когда светлый дождик пройдет
В день Петров на изломе лета.
Вот-вот цветы взойдут, алея,
На ребрах, у ключиц, на голове.
Напишут на травинке: Elena arborea –
Во льдистой водится она Гиперборее,
В садах кирпичных, в каменной траве.
Из глаз полезли темные гвоздики.
Я куст из роз и незабудок сразу,
Как будто мне привил садовник дикий
Тяжелую цветочную проказу.
Я буду фиолетовой и красной,
Багровой, желтой, черной, золотой,
Я буду в облаке жужжащем и опасном –
Шмелей и ос заветный водопой.
Когда ж я отцвету, о Боже, Боже,
Какой останется искусанный комок –
Остывшая и с лопнувшею кожей,
Отцветший полумертвый зверь-цветок.

Animal-Flower

A presentiment of life lives on till death.
A chilling fire burns along the bones –
When a bright shower passes over
On St Peter's day at break of summer.
Scarlet blooms are just about to flower
On collarbones, on ribs, upon the head.
The cluster will be tagged *Elena arborea* –
Its habitat is freezing Hyperborea
In gardens made of brick, in grass of stone.
Eyes sprout dark carnations. I'm at once
A bush of roses and forget-me-nots
As if a savage gardener'd grafted on me
A virulent florescing leprosy.
I will be violet and red,
Crimson, yellow, black and gold,
Inside a perilous humming cloud
Of bees and wasps I'll be a sacred well.
And when my flowers fade, O Lord, O Lord,
What a bitten lump there'll be left over,
Grown cold and with its skin split wide,
A faded, half-dead Animal-Flower.

Дева верхом на Венеции, и я у нее на плече

И склады по краям, и Альпы вдалеке.
В дождь, льющий слезы обожанья,
И я мешалась – в старости, во сне,
В твоих застиранных дворцах блужданья.

Синий пятнает красный, а тот – зеленый,
Все полиняло, промокло, заплесневело, прогнило.
Дева, кружась, упадает на дно морское
На Венеции – заплеснелом моем крокодиле.

Собрались отовсюду люди –
Все свои прегрешенья на Деву кидали,
И Венецию ей подвели и взнуздали –
В жертву лошадь прекрасную, лошадь морскую.

Для того и явилась она на свете,
Чтобы все грехи забрала с собою –
И, кружась, на Венеции мокром тритоне,
Она упадает на дно морское.

Как на растленном чьем-то мозге –
Верхом на груде черепиц
Вниз – вот она – с лицом в известке
Мгновенно-медленно скользит.

Внезапно сделавшись старухой,
Нагая, в черных кружевах,
Она ядром несется глухо
И шпорит пятками канал.
С российским кладбищем в ладони,
Ногтями впившись в Арсенал,
На студне, изумруде, на тритоне.

Дева, все грехи приявшая,
Раздулась, как вампир в гробу,
И я – свои в дорогу взявшая –
Узелком вишу на ее горбу.

The Virgin Rides on Venice, and I on Her Back

Warehouses at the edges, Alps to the back,
the rain is pouring tears of reverence,
and I am lost – in dreams, in old age,
in your bleached palaces of error.

The blue spots the red, the red slides to green,
Everything is faded, mouldy, rotten, and soaked,
The Virgin spins as she falls to the floor of the ocean,
Riding Venice – a crocodile covered in mould.

People have come from all over to see it,
Heaping their transgressions on to the Virgin's back,
Venice has been led up to her in a bridle,
A beautiful sacrifice, a horse from the sea.

And that is the reason for her appearance –
To take away all the sins from the world –
Spinning on the damp triton of Venice
She falls to the depths, to the ocean's floor.

As though on somebody's splayed-out brain
She sits upon a heap of pantiles,
And slips down – there she is – moving rapidly, slowly,
Her face all plastered in grey-white lime.

Metamorphosing suddenly to an old woman
Naked she glimmers through her black lace,
She flies through the air, blind as shot from a cannon,
Using her heels to spur the canals.
The Russian cemetery sits on her palm,
And she grips the Arsenal tight in her nails,
As she sits on her emerald-aspic triton.

The Virgin, who takes away the sins of the world,
Is as pale as Dracula pierced by the stake;
I have packed up my sins to go on my journey,
And they hang on her hump in a knotted sack.

А Сан-Марко блеет ягненком нежным,
Розовой кожей светясь.
И летим с великаншей, кренясь.
Тут схватила она, чтоб не страшно лететь,
Фейерверка угасшего бледную плеть.

Разве я блудила, лгала, убивала?
Налетели грехи отовсюду, как чайки,
Как огрызок хлеба меня расклевали.
Да, я все это делала. Дно летит, разгораясь, навстречу –
На ракушке, на моллюске резном упадаю в темные дали,
Закрыв глаза и вцепясь в великаньи плечи.

Венеция, ты исчезаешь
Драконом в чешуе златой,
Под волны синие ныряешь,
Вся – с цвелью и зеленой тьмой.
Ты расползаешься уныло
Старинной золотой парчой,
И так уже ты вся остыла –
Тебе и в волнах горячо.

Вот и я на плечо ей, что птица, взлетела,
Чтобы ноши черной побольше взвалить,
И мы втроем через море – из мира
Летим, чтоб ее развеять, разбить.

И когда мы вживили в этот мрамор лиловый,
Потемневший в дыхании долгих веков,
Кровь живую и жилы натужно-багровы,
И нечистоты общих грехов, –

Там – высоко – в космической штольне (пролетев через шар
        насквозь),
Там – Творец пожалеет очерненные камень и кость.
Мрамор с грязью так срощены, слиты любовно –
Разодрать их и Богу бы было греховно.
Может быть, и спасется все тем – что срослось.

San Marco bleats like a silly young lambkin,
With pink skin flashing under the wool;
I cut through the sky on the giantess-Virgin.
Wanting an amulet for the voyage
She has seized a spent firework's paling loop.

Can I really have lied, fornicated, and murdered?
Like seagulls, sins flock and dive all around;
And they peck me apart like a dried-up biscuit.
Yes, I have done these things. The sea flares towards me,
And I cut to the depths on a crayfish, a razor clam.
Closing my eyes, I clutch the giantess' shoulders.

O Venice, see you vanish
Slithering like a dragon in golden scales;
You dive deep beneath the blue waves,
Dipped in green gloom, slicked in black mould;
You creep like gold brocade
Melancholy and slow,
Your body is so cold
The water feels warm to you.

See me on her back, perched like a bird,
Making her deadly burthen heavier yet,
The three of us fly over sea, and out of the world,
So that our burthen may be dispersed, or smashed.

And when we've infused this great lump of marble
That is dark as an iris with centuries' breath,
Infused it with blood, with pulsing scarlet,
And with the impurities of our shared sins,

There – in the heights – in a cosmic mine-lift
– having flown from the other pole –
There – the Creator will pity the black bone and stone,
For the marble and dirt are fused, grown together, in love –
Even God may not sinlessly put them asunder.
Perhaps the growing together's enough.

[CK]

Труды и дни монахини Лавинии
(Фрагменты книги)

На скрещении времен, пространств и религий стоит воображаемый монастырь Обрезанья Сердца. Дневник умершей монахини этого монастыря Лавинии предваряется письмом ее сестры к издателю:

Где этот монастырь – сказать пора –
Где пермские леса сплетаются с Тюрингским лесом,
Где молятся Франциску, Серафиму,
Где служат вместе ламы, будды, бесы,
Где ангел и медведь не ходят мимо,
Где вороны всех кормят и пчела, –
Он был сегодня, будет и вчера.

Каков он с виду – расскажу я тоже:
Круг огненный, змеиное кольцо,
Подвал, чердак, скалистая гора,
Корабль хлыстовский, остров божий, –
Он был сегодня, будет и вчера.

А какова была моя сестра?
Как свечка в яме. Этого довольно.
Рос волосок седой из правого плеча.
Умна, глупа – и этого довольно.
Она была как шар – моя сестра,
И по ночам в садах каталась,
Глаза сияли, губы улыбались, –
Была сегодня, будет и вчера.

The Works and Days of the Nun Lavinia
(Fragments from a book)

*The imaginary Convent of the Circumcision of the Heart stands at the
intersection of time, space and religions. The diary of Lavinia, a deceased
nun of this convent, is preceded by a sister's letter to the editor:*

Where this nunnery is – it's time to say –
Where Permian forest blends with Thuringian forest,
Where they pray to Serafim and Francis,
Where lamas, buddhas and devils worship together,
Where the angel and the bear do not pass by,
Where the ravens and the bees feed everyone –
It was today and will be yesterday.

What it looks like – I will also tell:
A fiery circle, ring of snakes,
Cellar, attic, sheer cliff face,
Ship of the Khlyst sectarians, god's isle –
It was today and will be yesterday.

And what sort of person was my sister?
Like a candle in a pit. Enough of that.
A grey hair grew from her right shoulder.
Wise and stupid – that's enough of that.
She was like a ball – my sister,
At nights she would go rolling through the gardens,
Her lips were smiling and her eyes were ardent –
She was today, she will be yesterday.

Собственно труды Лавинии:

5

Свое мучение ночное
Я назвала себе: любовь.
Мы разве знаем что другое?
Мы затвердили – страсть и кровь.
А то была другая боль –
И немота меня трясла,
И мозг от ужаса свивало,
А просто – Ангел сердце мне
Вдруг вырезал концом кинжала.
И вот оно сквозит – пролом,
И смотрит Ангел милосердный –
Как чрез него, хрипя, с трудом
В мир выезжает всадник бледный.

9

Так свет за облаками бьется,
Как мысль за бельмами слепого,
Так – будто кто-то рвется, льется
Через надрезанное слово.

Так херувим, сочась, толкаясь,
Чрез голоса влетает в клирос,
И человек поет, шатаясь,
Одетый в божество – на вырост.

10 *Уроки аббатисы*

Мне Аббатиса задала урок –
Ей карту рая сделать поточнее.
Я ей сказала: я не Сведенборг.
Она мне: будь смиренней и смирнее.

The Works of Lavinia

5

I gave a name
To my nightly torments: love.
What else is there we know?
We kept repeating – passion and blood.
But this was another sort of pain –
And dumbness shook me,
Horror twisted my mind,
Because an Angel suddenly
Cut out my heart with a dagger's point.
And now a draught blows through the gap
And the merciful Angel watches on
As a pale horseman, wheezing and straining,
Rides out through the breach into the world.

9

As light pulsates behind the clouds
Or thought behind the wall-eyes of the blind,
It seems as if some being strains and forces
Its way through the slit word.

As a cherub, jostling and easing
Through voices, flies to the altar gates,
A person rocks back and forward as he sings,
Dressed in godhead – that he'll grow to fit.

10 *The Abbess's Tasks*

The Abbess set me a task –
To draw her a detailed map of Paradise.
I told her – I'm not Swedenborg.
She said to me: be more meek and mild.

Всю ночь напрасно мучилась и сникла,
Пока не прилетел мой Ангел-Волк,
Он взял карандаши, бумагу, циркуль
И вспомнил на бумаге все, что мог.
Но Аббатиса мне сказала: – Спрячь
Или сожги. Ведь я *тебя* просила.
Тебе бы только Ангела запрячь,
А где же твои зрение и сила?

Мне Аббатиса задала урок –
Чтоб я неделю не пила, не ела,
Чтоб на себя я изнутри смотрела,
Как на распятую – на раны рук и ног.
Неделю так я истово трудилась,
А было лето, ухала гроза,
Как на ступнях вдруг язвами открылись
И на ладонях – синие глаза.
Я к Аббатисе кинулась: – Смотрите!
Стигматы! В голубой крови! –
Она в ответ: – Ступай назад в обитель,
И нет в тебе ни боли, ни любви.

Мне Аббатиса задала урок –
Чтоб я умом в Ерусалим летела,
На вечерю прощанья и любви, –
И я помчалась, бросив на пол тело.

– Что видела ты? – Видела я вечер.
Все с рынка шли. В дому горели свечи.
Мужей двенадцать, кубок и ножи,
Вино, на стол пролитое. В нем – муху.
Она болтала лапками, но жизнь
В ней, пьяной, меркла… – Ну а Спасителя?
– Его я не видала.
Нет, врать не буду. Стоило
Глаза поднять – их будто солнцем выжигало.
Шар золотой калил. Как ни старалась –
Его не видела, почти слепой осталась. –
Она мне улыбнулась: – Глазкам больно? –
И в первый раз осталась мной довольна.

All night I lay tormented and oppressed
In vain, until my Angel-Wolf arrived,
He took the pencil, paper, compasses,
And put on paper all he could remember.
But the Abbess told me – hide it away
Or burn it. *You* were the one I asked.
If you just harness the Angel, where
Is your own eyesight and your strength?

The Abbess set me a task –
That I should neither eat nor drink for a week,
That I should gaze into myself
As crucified – at wounds on hands and feet.
For a week I laboured fervently –
It was summer, the crash of a thunderstorm –
When suddenly ulcers opened on my soles
And blue eyes on my palms.
I rushed to the Abbess – look!
Stigmata! In pale-blue blood!
She answered – return to your cloister,
Within you there is neither pain nor love.

The Abbess set me a task –
That I fly to Jerusalem in my mind
At the supper of love and final parting –
I rushed off, throwing my body to the ground.

'What did you see?' – 'I saw the evening.
Everyone returning from the market. Candles burnt
In a guestchamber. Twelve goodmen, a goblet, some knives.
Wine spilt on the table. In it a fly.
Its legs jerked but its life waned
In drunkenness...' 'Well, what about the Saviour?'
'I didn't see Him.
No, I will not lie. I only needed
To raise my eyes – it was as if sun seared them,
A golden sphere blazed. However much I tried –
I did not see Him, I was left almost blind.
She smiled at me – 'It hurt your eyes?'
And for the first time she was satisfied.

115

Левиафан среди лесов
Лежит наказанный на суше
Средь пней, осин и комаров,
Волнуясь синей мощной тушей –
Его я услыхала зов.

Он мне кричал через леса:
– Приди ко мне! Найди дорогу!
И в чрево мне войди. Потом
Я изрыгну тебя, ей–Богу,

И я пришла. Он съел меня.
И зубы, что острей кинжала,
Вверху мелькнули. Я лежала
Во тьме горящей без огня.

Как хорошо мне было там!
Я позабыла все на свете,
Что там – за кожею его –
Есть солнце, и луна, и ветер.

И только шептала: – Отчаль!
Брось в море свой дух раскаленный.
И он заскакал, зарычал:
– Ты лучше, ты тише Ионы.

Я позабыла кровь свою,
Все имена и смерть и ужас –
Уж в море плыл Левиафан,
Весь в родовых потугах тужась.

О, роды были тяжкие. Несчастный!
Кровавый небо сек фонтан.
Когда я вылетела в пене красной,
Как глубоко нырнул Левиафан!

Leviathan amidst the leaves
Lies beached, enduring rightful torment.
By midges, aspens, broken trees,
With massive steely trunk in foment,
From out the woods he called to me.

And through the woods I heard him call,
'Search out the path! Come over here!
Come in my belly! Later on
I'll spew you out, by God I swear!'

And I obeyed. He ate me up.
His teeth were honed as sharp as blades,
Glinting above. I lay inside
In burning flameless darkness wrapped.

How good it was lying within!
The inside world was all I knew,
Forgetting that beyond his skin
The sun and moon shone, breezes blew.

I could but whisper: let it slide,
Cast all your passions in the ocean.
I felt him bound and loud he cried:
'You ride more quietly than Jonah!'

And I forgot my life, my blood:
Knew not my names, nor death nor horror:
Leviathan swam on the flood,
And twisted in the pangs of labour.

A painful birth, unhappy whale!
A scarlet spurt shut out the sun.
I floated out on bloodstained foam,
He quickly dived, Leviathan!

[CK]

25 *Соблазнитель*

Как ляжешь, на ночь не молясь, – то вдруг
Приляжет рядом бес, как бы супруг,
На теплых, мягких, сонных нападает,
Проснешься – а рука его за шею обнимает.
И тело все дрожит, томлением светясь,
И в полусне с инкубом вступишь в связь.
Он шепчет на ухо так ласково слова:
Что плотская любовь по-своему права,
И даже я, холодный, древний змей,
Блаженство ангельское обретаю в ней.
Тут просыпаешься и крестишься. В окне
Мелькнуло что-то темное к Луне.
И ты останешься лежать в оцепененье,
Как рыба снулая – в тоске и униженье.

29

'Вы ловитесь на то же, что и все:
Вино, амур, ням-ням, немного славы,
Не надо вам изысканной отравы,
Вы душу отдаете, как во сне'.
Так старый бес мне говорил, зевая
И сплевывая грешных шелуху,
И за ногу меня в мешок кидая.

25 *The Tempter*

At night, as you lie prayerless – all at once
A devil lies down beside you – like a spouse,
Those who are warm, soft, sleepy, he attacks,
You wake – he has his arm about your neck.
Tormented and aglow, your body quivers
And half-asleep you couple with an incubus.
He whispers in your ear carressing words:
That fleshly love is in its own way right,
And even he – a cold and ancient serpent –
Discovers there is angelic beatitude in it.
Then you wake up and cross yourself – a dark form
Flashes past the window towards the Moon.
And you are left lying like a grounded fish
Benumbed, humiliated and in anguish.

29

'You're caught in the same trap as everyone:
Wine, amours, grub and a little fame,
You won't be needing some exquisite poison,
You're giving your soul away, like in a dream.'
This is how an old devil, yawning, spoke,
And spitting out some sinners' husks,
He grabbed my leg and threw me into a sack.

37 Чудище

Я – город, и площадь, и рынок,
И место для тихих прогулок
Для перипатетиков-духов,
И ангельский театр, и сад.
Я – город, я – крошечный город
Великой империи. Остров
В зеленых морях винограда.
Но что так стучат барабаны?
Враги подступили. Осада!
Я – тихий, и кроткий, и круглый,
И в плане похож на гвоздику.
Но что это трубы так воют
Протяжно, несчастно и дико?
И крики я слышу: 'Смолу
В котлах нагревайте!
Ройте колодцы!'
Восходит косматое солнце.
Погибнет и крепость, и замок,
И вся наша библиотека,
Что мы собирали от века.
Вы слышите – Демон
Соблазана стоит при вратах.
А я в это время в башне
Торчала лицом к небесам,
Сдавленная кирпичами
По рукам и ногам.
Враги приближались, влажной
И грязной блестя чешуей, –
Отдайте нам чудище в башне
И более ничего!
И тут была страшная битва,
И дым, и грохот – и снова
Наш город тихий
Живет задумчивой жизнью,
Похожий с высот на гвоздику,
Империи остров великой.
И перипатетики-духи
Гуляют в прохладных аллеях,
И чуткое чудище в башне
Их слушает странные речи.

I'm a city and a town square and a market,
A scene for quiet promenades
Of peripatetic spirits,
An angelic theatre and a garden.
I'm a city, I'm a tiny city
Of a great empire. An island
In green seas of vineyards.
But what's that sound of beating drums?
Enemies have attacked. A siege!
I am quiet, meek and round,
My map is shaped like a carnation.
But why is that wailing of horns
So hollow, wild and mournful?
And I can hear cries: 'Cauldrons,
Heat the boiling oil!
Dig wells!'
A shaggy sun is rising.
Fortress and castle will perish
And our entire library
That we collected for centuries.
Listen – the Demon
Of Temptation stands at the gates.
And I meanwhile in the tower
Lifted my face to the heavens,
My arms and legs
Crushed by bricks.
Enemies were approaching with their damp
And grimy scales glimmering –
Surrender to us the monster in the tower
And nothing else!
Now there was a dreadful battle,
Smoke and uproar – and once again
Our quiet city
Lives its meditative life
Like a carnation from the air,
An island in a great empire.
And peripatetic spirits
Stroll along cool alleys,
And an attentive monster in the tower
Listens to their curious conversations.

38 Экономка

Закат точильщиком склонился,
Остря блистающие вербы.
Смотрела в Солнце Экономка,
Губу прикусывая нервно.

– Сестра, мне кажется, что Солнце
Не там садится – право! право!
Оно всегда за той березой,
А нынче забирает вправо.

'И звезды учишь? ' Подняла
Она из пыли хворостинку
И как овечку погнала –
Левее, Солнышко, скотинка!

39 Теофил

У нас в монастыре
Крещеный черт живет –
То псалтирь читает,
То цепь свою грызет.

Долго он по кельям шалил…
С Серафимой … молод еще,
То сливками в пост блазнил,
То вцепится в грудь ей клещом.

Серафима с молочной бутылкой
Вбежала ко мне:
Смотри, говорит, поймала –
Дрянь какая на дне.

А там бесенок корчится,
Размером с корешок,
Стучит в стекло пчелою,
Рук не жалея, рог.

38 *The Housekeeper*

Sunset bent over like a knifegrinder
Sharpening the gleaming willows.
Watching the sun the Housekeeper
Nervously bit her lips.

'Sister, it seems to me the sun
Is setting in the wrong place – that's right!
It always set behind that birch
And now it's shifted to the right.'

'You want to teach the stars as well?'
From the dust she picked a switch
And herded it like a sheep:
'Further left, sun, you little bitch!'

39 *Theophilus*

In our nunnery
Lives a christened demon –
Sometimes he reads the psalter,
Sometimes gnaws his chain.

He used to play tricks round the cells
On Serafima...when still young
He'd tempt her with cream during Lent
Or cling with his claws to her bosom.

Serafima came running to me
With a milk-bottle:
'Look,' she said, 'what I've caught –
This scrap of filth at the bottom.'

A little devil was squirming there
About as big as a stalk,
Battering the glass like a bee,
Not sparing his hands or horns.

Горошинки-глазенки
С отливом адской бездны
Сверкают: 'Ой, пустите!
Я улечу, исчезну!'

'Что мы с ним делать будем,
Когда он в нашей власти?
Ты, бес, летать-то можешь?'
'Приучены сызмальства, –

Он тонко отвечает, –
Да вас не повезу!'
Но мы тут смастерили,
Накинули узду.

Поводья привязали
Из тонкой лески,
Хоть крутился, кусался,
Вытянули беса.

Серафима говорит:
'Стань побольше, будто конь!
Эх, куда бы полететь?
Ну, давай, бес, на Афон! '

Понеслися, полетели
Будто молния вдали,
Да монахи им не дали
Коснуться святой земли.

Никчемушный, непригодный,
Жалкий бес!
Сам и виноват – в бутылку
Ты зачем полез?

Мы его отнесли к Аббатисе,
Та взглянула, сказала: 'Сжечь!
Но впрочем … для поученья
Можно и поберечь.

Tiny little pea-like eyes
Brimming with hellish fire
Glittered: 'Hey, let me go!
I'll fly off, disappear!'

'What'll we do with him
Now he's in our hands?
You, devil, can you fly?'
'They taught us all as kids,'

His tiny voice replies,
'I won't take you along!'
But we rigged up a bridle
And threw it over him.

We tied him in some reins
Made from a fishing-line,
Though he bit and twisted
They held the devil down.

Serafima said:
'Grow bigger like a horse!
Where shall we fly off to?
Well, devil, let's try Mount Athos!'

They rushed away into the air
Like a lightning-bolt far off,
But the monks refused to let them
Touch the sacred earth.

Useless good-for-nothing
Pitiful devil!
It's your own fault – why did you
Creep into the bottle?

We took him to the Abbess,
She looked and said: 'Burn it!
But then...as a lesson
Keep it if you want.'

Веруешь ли? ' – спросила.
Черт затрясся, кивнул.
'Хочешь, чтоб окрестили?'
Он глубоко вздохнул.

Отнесли его в церковь, крестили,
Посадили на цепь,
Дали ему имя Теофила –
И на воду и хлеб.

Что ж, и злая нечистая сила
Тоже знает – где свет и спасенье,
И дрожит тенорок Теофила
Выше всех сестер в песнопенье.

Кланяется, не боится креста,
Но найдет на него – и взбесится.
Пред распятьем завоет Христа
И – следи за ним – хочет повеситься.

Так он с год у нас жил и томился,
Весь скукожился и зачах,
То стенал, то прилежно молился
Напролет всю ночь при свечах.

Заболела нечистая сила,
Помер, бедный, издох,
За оградой его могила.
Где душа его? Знает Бог.

'Do you believe?' she asked.
The devil quaked and nodded.
'Do you want to be baptised?'
He breathed a heavy sigh.

We took him to church, baptised him,
Shackled him with a chain,
We named him Theophilus –
Put him on bread and water.

Well, even a wicked unclean spirit
Knows where light and salvation are,
Theophilus's squeaky falsetto quivers
Higher than all the sisters in the choir.

He bows down, unafraid of the cross,
But put it on him and all hell's let loose.
He wails for the crucified Christ
And wants to follow him and hang himself.

He lived and languished with us for a year,
Crumpled up and withering away,
Sometimes groaning, sometimes hard at prayer
Next to the candles all night through.

The unclean spirit fell ill,
He died, poor thing, he croaked.
His grave's outside the cemetery wall.
Where's his soul? God knows.

Мне призналась сестра – бородатая Фрося:
'Вот ты видишь, что я некрасива, как грех,
Бородавка под носом с грецкий орех,
Бороденка щетинится грубым покосом.
Даже бабушка, мать не любили меня.
И в кого я уродом таким уродилась?
Я взывала бы к Богу, молилась,
Но Богу – как ты думаешь? – тоже ведь я не нужна?
Вот когда б красоту принесла и швырнула
На алтарь, как овцу,
То другое бы дело…'
Мы корзинки плели. 'Ты б отдохнула –
Скоро в церковь, и прутья к концу'.
Мы на службу пошли. На закате
Фиолетово церковь нежна.
'Полно, полно, сестра, тебе плакать,
И ты тоже Богу нужна.
Ты молись так: 'Боже, царь!
Если б дал ты мне шелк, и парчу, и злато,
Я бы все принесла на алтарь,
Но ты дал мне сермяжку и жабу –
Вот я все, что могу, отдала.
Ты зачти, как вдове, ее лепту…'
Отшатнулась она от меня,
Дико вскрикнула, как эпилептик:
'И сама ты не больно красива
И не очень-то молода,
Я -то думала – ты мне подруга,
А ты жабою назвала! '
Зарыдала она, побежала
И рыдала в весенних кустах.
Я за ней: 'Ах, прости! Ты прекрасна!
Ей-же-ей! На закате, в слезах!
Я завидую тебе,
Бороды твоей кресту,
Я б с тобою поменялась,
Не держусь за свое 'я'.
Что такое 'я'? Фонтан
В океане. Бульк – и сгинул – мириады.
А мы мучимся, горим
Будто запертые ады '.

A sister, bearded Flo, confessed to me:
'Look, you can see I'm as ugly as sin.
A walnut-size wart under my nose, my chin
Bristles with a goatee like a swath of hay.
Even my granny and my mother didn't love me.
So why was I born such a freak?
I would cry out to God, I would pray,
But – I suppose you know – I'm no use to God as well.
Now if I could have brought my beauty and cast it down
Upon the altar like a lamb
Things would have been different...'
We were weaving baskets. 'You should rest –
Soon we must go to church, we've no canes left.'
We went to worship. At sunset
The church glows tender violet.
'Enough, enough of your weeping, sister.
God needs you as well.
Pray this way: My God and King!
If you had given me silk and brocade and gold,
I would have offered it all upon your altar,
But you gave me sackcloth and a toad –
I have offered you everything I can,
Accept it like the widow's mite...'
She backed away from me,
Shrieking out wildly like an epileptic:
'You yourself are not so beautiful
Nor all that young,
But I thought you were my friend,
And you are calling me a toad!'
Bursting into sobs she bolted off
And sobbed away among the shrubbery.
I followed her: 'Forgive me! You're beautiful!
I swear to God! In tears at sunset!
I envy you,
Your beard is your cross,
I would change places with you,
I do not cling to my own self.
What is the self? – a fountain
In the ocean. A gurgle and it's gone, millions and millions,
And we torment ourselves and burn
Like sealed infernoes.'

Так я долго бормотала.
Слезы вытерла она и сказала только 'Ах!'
– 'Я клянусь, что ты прекрасна
С лентой бороды, в слезах!
Ну прости, в последний раз!'
Колокола длинный бас.
И пошли мы с нею мирно
В церковь, что ждала уж нас,
Как купца Багдад иль Смирна.

Два стихотворения, кончающиеся словом 'слепой':

55

В иноке ухватка хороша
Ловкого борца, мастерового.
Знает, потрудясь его душа
Хитрости, приемы беса злого.
Он твердит Исусову молитву
Так, как сеют, машут до заката.
И когда уснет – душа на битву
То ж твердя, идет, сменяя брата.
Четки приросли к его рукам,
Свечи зажигаются от взгляда,
На псалом плечом – как на таран
Он наляжет, бьет в ворота ада.
Бденьями, постом смирилось тело,
Служит, тихое, как леснику топор,
Как крутящий жернова по кругу
Кроткий мул – двужильный и слепой.

Thus I murmured.
She brushed away her tears and only uttered 'Oh!'
– 'I swear you are beautiful,
With your beard's riband and your tears!
For the last time, forgive me please!'
The bell tolled its deep bass.
And together, peacefully, we went
Into the church which was awaiting us
As Smyrna and Baghdad await the merchant.

Two poems ending with the word 'blind':

55

The monk has the manner and craft
Of the warrior and the artisan.
His soul has schooled him in the arts
And artifices of the evil demon.
He repeats the Jesus prayer like a sower
Scattering seed till dusk, and when he falls
Asleep his soul takes over from its brother
Still repeating as it marches into battle.
His rosary has grown roots in his hands,
Candles take flame at his gaze,
Shoulder behind a psalm like a battering-ram
He beats and thuds against hell's gates.
His body is subdued by fasts and vigils
And it serves him as an axe the woodman,
Or, circling the turning millstone, a gentle mule
Quietly serves, powerful and blind.

Сказала я Льву, что метался по клетке моей:
'И так мы, люди, как звери.
Не хочу я помощи дикой твоей!
Пусть Ангел станет при двери. '
'Ах так!' – Лев сказал – 'Пожалеешь еще.
Когда позовешь – приду ли! '
И, взрыкнув, когтями стуча, ушел,
А я, поплакав, уснула.
С тех пор мой Хранитель невидим мне.
Спрошу – да где же он? Да вон где!
Как облако – на плече, на стене,
Как солнце сквозь веки в полдень.
Однажды во сне сказал: Это я.
Узнала – зерно, души водопой,
Тот, к кому я прильну в мраке небытия
Иероглифом кости слепой.

59

Стою ли на молитве или сплю –
Лукавый – он не дремлет, он бессонный,
И шепчет про забытую любовь –
Без имени, без облика, а вспомню.
Как будто бы меж ребер втиснут гроб –
Такой, что он и виден только в лупу,
А в нем – нагая жирная любовь
В твоих ботинках, с бородою глупой.
Чуть пошевелится любовь – я вниз
За плечи уложу покойницу уныло –
Лежи, лежи! Ты у меня проснись!
Ты – синяя, ты вся давно остыла.

I said to the lion that was prowling my cell:
'We people are already like beasts.
I don't want your savage help!
Let the Angel stand at my door.'
'Very well!' said the Lion, 'You'll regret it.
See if I come when you call me!'
With a growl and a clash of his claws he left
And I cried myself to sleep.
Since then my Guardian has been invisible.
Where is he? I ask. That's where he is!
Like a cloud at my shoulder, against the wall,
Like the noonday sun through the eyelids.
Once he said in a dream: here I am.
I recognised the centre, the soul's well and
The One I'll cling to in non-being's darkness when
I'm a hieroglyph of bone, stone blind.

59

Whether I stand at prayer or lie asleep –
The Tempter, ever wakeful, does not slumber,
And whispers all about a love forgotten,
Without a name or face, yet I remember.
As if a coffin were forced between my ribs –
One only visible through a magnifying glass,
And in it – chubby, naked love
With a silly beard, wearing your shoes.
Love stirs a little – I push her shoulders back
And sadly put the deceased to bed.
Lie still, lie still! Why are you awake?
You're blue, you've long gone cold.

72 *Воскрешение Апостолом Петром Тавифы и попытка подражания*

'Ты, Петр, слышал?
Тавифа наша умерла.
Так хорошо она пряла,
И вот – не дышит'.

Она – как точка, девы – кру́гом,
И Петр среди ее подруг
Глядит на корни своих рук
С испугом.

Он сомневался:
'Природы чин! Я не могу '.
А огненный язык в мозгу
Лизался.

'Ты можешь! – Сила распевала. –
Ну в первый и последний раз'.
Он поднял руки и потряс,
С них Жизнь упала.

Как пред рассветом неба склянь,
Он белый был, как после тифа,
Он прокричал: 'Тавифа, встань!
О, встань, Тавифа!'

'Тавифа, встань', – он прошептал.
О, благодати холод, милость!
По векам трепет пробежал,
Глаза испуганно открылись.

И дева вновь живет. Жива.
Но уж она не вышивала,
И никого не узнавала
И улыбалась на слова.

Ее слезами моют, жгут
И нежно гладят. Все без толку.
Такие долго не живут.
Да ведь и Лазарь жил недолго.

72 *The Raising of Tabitha by the Apostle Peter and an Attempt at Imitation*

'Peter, did you hear?
Our Tabitha is dead.
She used to spin so well
And now she breathes no more.'

She's like a dot the maidens circle
And Peter amongst her friends
Looks at the roots of his hands
Startled.

He was in two minds:
'The rule of nature! I cannot!'
But a fiery tongue flicked round
His head.

'You can!' The power sang out.
'Now for the first and last time!'
He raised his hands and trembled,
Life fell from them.

As before dawn the brimming sky,
White he was as if from typhus,
He cried out: 'Tabitha, arise!
Rise, Tabitha!'

He whispered, 'Tabitha, arise.'
O heavenly cold, have mercy!
A tremor ran across her eyelids,
She opened timid eyes.

The maiden lived once more. She lived.
But never did she sew again
And never recognised anyone
And smiled at words.

They wash her in tears that scald
And tender looks. To no avail.
Such as she are not long for this world.
For Lazarus too lived only a short spell.

…Я это видела в мечтанье,
В дали отчетливо-туманной,
Когда на службе мы стояли.
Покойника мы отпевали.
Скаталось время в дымный шар,
В шар фимиамный.

И в дерзновенье и пыланье
К покойнику я подошла,
Руками я над ним трясла,
Ему крича: 'О встань! О!'

Тень пробежала по глазам,
И кончик уса задрожал,
Но он не захотел. Он сам!
И, потемнев еще, лежал.

'Сошла с ума! Вон, вон скорей!
Сошла с ума! Мешает пенью! '
И вытолкали из дверей.
Что ж, хорошо – оно к смиренью.

Он сам не захотел! Он сам!
Он дернулся, как от иголки,
И вытянулся – лучше там.
Из света в тьму? И ненадолго?

...I saw this in a daydream
In the clear, misty distance
As we stood worshipping.
We were mourning a dead man.
Time rolled into a smoky ball,
    A ball of incense.

Audacious and inspired,
I went up to the dead man,
Stretched over him my trembling hands
And called to him: 'Arise!'

Across his eyes a shadow swept,
A quiver twitched the tip of his moustache.
But he refused. He himself!
And he lay and grew more dark.

'You've gone mad, woman! Away with you at once!
She's gone mad! She disturbs the choir!'
And they threw me out of doors.
Well, that is good – it makes for meekness.

He it was who refused! He himself.
He twitched as if pricked by a needle
And lay back – it was better there.
From light into the dark? And just for a spell?

Куда вы, сестры, тащите меня?
Да еще за руки и за ноги?
Ну пусть я напилась, была пьяна…
Пустите! Слышите! О Боже, помоги!
Но раскачали и швырнули в ров,
Калитка взвизгнула и заперлась,
И тихо все. Я слизывала кровь
С ладони и скулила – грязь
Со мной стонала. Пузырилась ночь, спекаясь,
Шуршали травы.
Лежала я, в корягу превращаясь,
Господь мой Бог совсем меня оставил.
Мхом покрываясь, куталась в лопух.
Вдруг слышу я шаги, звериный дух,
И хриплый голос рядом говорит:
'Раз выгнали, пойдем, поставим скит'.
– 'Ох, это ты! Ты огненный, родной!
Меня не бросил ты, хмельную дуру!'
Мы в глухомань ушли, где бьется ключ,
Лев лес валил и тотчас его шкурил.
Мы за три дня избенку возвели
И церковь – полный крест – как мне приснилось –
В мой рост и для меня, чтоб я вошла,
Раскинув руки, в ней молилась.
Пока работали – к нам приходил медведь,
Простой медведь, таинственный, как сонмы
Ночных светил, – и меду мутного на землю положил,
Он робкий был – и так глядел – спросонья.
Лев мне принес иконы, свечек, соли,
Поцеловались на прощанье мы,
Он мне сказал: 'Коль будет Божья воля,
Я ворочусь среди зимы'.
Встаю я с солнцем и водицу пью,
И с птицами пою Франциску, Деве,
И в темный полый крест встаю,
Как ворот, запахнувши двери.
Текут века – я их забыла,
И проросла трава осокой,
Живой и вставшею могилой
Лечу пред Богом одиноко.

Where are you dragging me, sisters,
Seizing my arms and legs?
All right, I had a drop too much, got drunk...
Let me go! Do you hear! O help me God!
But they swung and hurled me in the ditch,
With a creak the wicker gate was shut,
And silence fell. I licked the blood
From my palms and whined – the dirt
Groaned with me. Night swelled up like bread,
Grass rustled.
As I lay, I turned into stiff crust,
Abandoned by my Lord and God.
Covering myself with moss, I rolled in the weeds.
Suddenly I sensed footsteps, breath of beasts,
Nearby a hoarse voice spoke:
'Since they've thrown you out, let's found a hermitage.'
'Oh, it's you, my fiery friend!
You haven't dropped a drunken fool like me?'
We went out into the wilderness where a spring flows,
The lion stacked wood and hewed it straight.
In three days we had raised a wooden hut
And a church – a hollow cross – just as I had dreamed –
My own height, so that I could fit inside
And pray with arms outspread.
While we worked a bear approached,
A simple bear, mysterious as the multitude
Of stars at night – and laid some clouded honey on the ground,
He was shy and seemed half somnolent.
The lion brought me icons, candles, salt,
We parted with a kiss,
He said: 'If it's the will of God
I'll return when winter ends.'
I rise at dawn and water is my drink,
I sing to Francis and the Virgin with the birds,
And stand in the dark hollow cross
Like a gateway opening its gates.
Ages pass – I have forgotten time,
All around me sedge has grown,
Alive, I have become a tomb
And I will fly to God alone.

Notes to the poems

What that street is called'
Page 17: 'The Slavyanka': Popular name of 'The Slav Woman's Farewell *(Proshchanie Slavyanki)*, a famous military march composed in the 19th century by the obscure Russian composer Vasilii Ivanovich Agapkin.

Kindergarten: Thirty Years On
Page 19: 'St Isaac's': Petersburg's main cathedral, dedicated to Peter the Great who was born on St Isaac's Day.

The Old Believers are a traditionalist sect which split off from the Russian Orthodox Church in the 17th century, in protest against the church reforms introduced by the Patriarch Nikon. They also resisted the social and political reforms of Peter the Great whom they viewed as an agent of the Antichrist.

The New Jerusalem
Page 23: The 'New Jerusalem' was the popular title of the Voskresenskii Monastery near Istra, founded in 1656 by the Patriarch Nikon. The main church was modelled on the Holy Sepulchre Church in Jerusalem.

Melchizedek was a Biblical priest and king of Jerusalem (see *Epistle to the Hebrews*, chapter 7).

Black Stream: *Chernaya Rechka*, the site of Pushkin's final duel in 1837 (and hence a literary holy place) near Elena Shvarts's previous home.

Black Easter
Page 27: The Orthodox Easter is the high point of the Russian religious calendar and churches are always overcrowded for the ceremonies. On meeting at Easter believers greet each other with a kiss and the phrase 'Christ is risen', to which the response is 'In truth he is risen'. 'The daubed eggs' refers to the custom of painting eggs.
Page 31: 'Napoleon killed the moneylender' refers to Dostoevsky's *Crime and Punishment*. When he murdered the moneylender Alyona Ivanovna with an axe, the student Raskolnikov was attempting to rise above moral law, like his hero Napoleon.

'Russia flooded Petersburg' is one of several oblique references to The Bronze Horseman, Pushkin's poem about the founding of the city by Peter the Great and the catastrophic flood of 1824.

'Purple-clad widow' is Pushkin's description of Catherine the Great and refers to her accession to the throne through the murder of her husband Tsar Peter III.

Voyage
Page 73: 'Our Gulf' is the shallow Finnish Gulf on which St Petersburg stands.

Elegies on the Cardinal Points
Page 79: 'Lion and Eagle and Bull' originate in the vision of the prophet Ezekiel (*Ezekiel*, chapter 1).

Page 85: 'Kseniya': the Blessèd (now Saint) Kseniya (1730?-1803?) was the wife of a Guards Officer in St Petersburg. After his death she became a 'Christ's Fool' *(yurodivii)*, wore her husband's greatcoat in his memory and called herself by his name, Andrei Fedorovich. When the church in the the Smolenskoe cemetery on Vaslievskii Island was being built, Kseniya secretly carried bricks at night. A chapel in the cemetery is dedicated to her.

The Works and Days of the Nun Lavinia
Page 111: 'Serafim' is Saint Serafim of Sarov (1759-1833), hermit and *starets* (holy man), sometimes known as 'the Father of the Nuns'.

'Khlyst sectarians': The *Khlysty*, or Flagellants, a Russian sect which made its appearance in the late 17th century. Worshippers met in a secret place they termed 'Jerusalem': they were notorious for their ecstatic rites.

Sources

The following collections of Elena Shvarts's poems have been published in Russian:

Dancing David, New York, 1985.
Poems, Paris and Munich, 1987.
The Works and Days of the Nun Lavinia, a Nun of the Order of the Circumcision of the Heart, Ann Arbor, 1987.
The Compass Points, Leningrad, 1989.
Poems, Leningrad, 1990.
Sea Chart of the Night, St Petersburg, 1993.

Nearly all the poems in this book were printed in the two Leningrad collections. The listing below notes their original sources:

Animal-Flower (from *Orchestra* [1978]).
Black Easter (1974).
Cynthia (1976).
Dump (from *Summer Maroquery* [1983]).
Elegies on the Cardinal Points (1978).
Elegy on an X-Ray Photo of My Skull (from: *The Army that Drives out Demons* [1976]).
Gioconda (from *Summer Maroquery* [1983]).
I was born with an unlined palm...(from *Ground Plan of a Park by the Finnish Gulf* [1980]).
Imitation of Boileau (1970).
In Retirement (from *Ground Plan of a Park by the Finnish Gulf* [1980]).
Invisible Hunter (from *The Army that Drives out Demons* [1976]).
Kindergarten: Thirty Years on (from *Sea Chart of the Night* [1987]).
Love Eavesdrops (from *Summer Maroquery* [1983]).
New Jerusalem (from *Sea Chart of the Night* [1987]).
Orpheus (from *The Ship* [1983]).
Parrot at Sea (from *Sea Chart of the Night* [1987]).
Pram (from *The Army that Drives out Demons* [1976]).
Remembrance of Strange Hospitality (from *Orchestra* [1978]).
Sale of a Historian's Library (from *The Army that Drives out Demons* [1976]).
The Burning Book (from *The Ship* [1983]).